ZHONGWEN

中文

试用版

第十一册

暨南大学华文学院　编

暨南大学出版社

监　　制：中华人民共和国国务院侨务办公室

监制人：刘泽彭

顾　　问：（按姓氏笔画排列）

王振昆　　王建军　　丘　进　　吴叔平

陈初生　　张维耿　　杨启光　　金天相

周奎杰　　姜明宝　　蒋述卓　　赖江基

潘兆明

主　　编：贾益民

编写人员：（按姓氏笔画排列）

吴晓明　　郑良根

贾益民　　常芳清

责任编辑：李　战

美术编辑：陈　毅

前　言

　　《中文》教材是中华人民共和国国务院侨务办公室委托暨南大学华文学院为海外华侨、华人子弟学习中文而编写的。全套教材共48册，其中课本12册，家庭练习册24册（分为A、B册），教师教学参考书12册。

　　本教材的教学目的是使学生经过12册中文教材的学习与训练，具备汉语普通话听、说、读、写的基本能力，了解中华文化的基本常识，为进一步学习 中国语言文化打下良好的基础。

　　在编写过程中，我们根据海外华文教育的目标和要求，从教学对象的年龄、生活环境和心理特点出发，以中国国家对外汉语教学领导小组办公室《汉语水平等级标准与语法等级大纲》、《汉语水平词汇与汉字等级大纲 》和国家语言文字工作委员会、国家教育部公布的《现代汉语常用字表》等作参考，合理地安排这套教材的字、词、句、篇章等内容，由浅入深、循序渐进地设置家庭练习，调动学生的学习热情，启发学生积极思考，提高学生实际运用中文的能力。我们还对海外现有中文教材进行了认真分析，参考和借鉴了许多有益的经验，力求使教材达到教与练、学与用的统一，并在图文编排、题型设计等方面有所创新。

　　本教材的编写、出版，得到了中国国家对外汉语教学领导小组办公室的有力支持和帮助；全美中文学校协会及其所属教育资源开发中心积极参与了这套教材的设计，并在编写与出版过程中与我们密切合作；国内一些知名的语言学专家和在海外从事中文教育研究的学者，对教材的编写也给予热情指导，并参与了不同阶段的审稿工作。对此，我们表示诚挚的谢意。

　　由于编写时间紧促，本教材的试用版难免有疏漏之处，祈盼各位专家、学者及广大教师、学生家长不吝赐正，以利修订再版，日臻完善。

编　者

1999年11月

编写说明

一、本教材第 1 册第 1–7 课为识字课，主课文后只列生字，不列词语和句子；从第 8 课开始，主课文后列词语和句子，但只列双音节或多音节词语，单音节词不列入；部分主课文后还列有 "专有名词"，如人名、地名、国名等。

二、为了方便教学，本套教材另配有现代汉语拼音教程，故本教材不含现代汉语拼音教学内容，但从第 5 册开始，适当增加了部分拼音练习。

三、本教材第 1–4 册的主课文、阅读课文、课堂练习的标题均加注现代汉语拼音。从第 5 册开始，只为生字注音。注音时，除主课文后的 "词语" 按词注音外，其余部分均按字注音，一般标本调，只有下列几类轻声不标声调：1.容易产生歧义的词后头的音节，如 "东西" (dōngxi)、"地方" (dìfang)、"告诉" (gàosu) 等；2.常用助词 "着"、"了"、"过"、"的"、"地"、"得"，如 "看着" (kànzhe)、"学了" (xuéle)、"好的" (hǎode) 等；3.名词后缀 "子"、"儿"、"头"，如 "儿子" (érzi)、"画儿" (huàr)、"石头" (shítou) 等；4.一些亲属称谓的第二个音节，如 "爸爸" (bàba)、"妈妈" (màma) 等。

四、儿化的处理。凡书面上可以不儿化的，不作儿化处理；非儿化不可的，则将"儿"字缩小放在词后，如"这儿"、"一会儿"等。

五、新出现的笔画或部首均在课文生字栏下列出，但识字课只列笔画，不列部首。1-4册课堂练习中的"描一描，写一写"，凡新出现的部首、部件以及生字均按笔顺逐一将笔画列出，而第二次出现的部首或部件就不再一一列出笔画。从第5册开始，课堂练习的生字不再按笔顺列出笔画。

目 录

第四单元

1

白雪公主

从前有个公主，皮肤像^{fū}雪一样白，人们叫她白雪公主。她生下不久，王后就生病死了。过了一年，国王又娶^{qǔ}了一个王后。王后长得很美，但是她不喜欢人们说还有人比她更美。

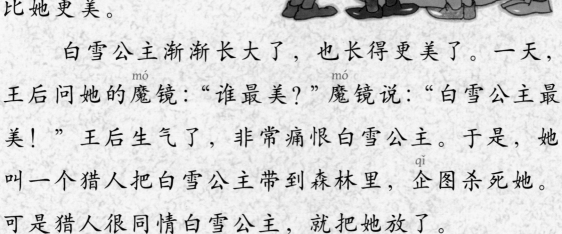

白雪公主渐渐长大了，也长得更美了。一天，王后问她的魔镜^{mó}："谁最美？"魔镜^{mó}说："白雪公主最美！"王后生气了，非常痛恨白雪公主。于是，她叫一个猎人把白雪公主带到森林里，企图^{qǐ}杀死她。可是猎人很同情白雪公主，就把她放了。

白雪公主在森林里不停地奔跑。傍晚，她走进一幢^{zhuàng}小房子。房子里有一张小桌子，桌子上放着七套小餐具。白雪公主吃了一点儿东西，就躺在一张小床上睡着了。

天黑了，七个小矮人回来了。他们点起小油灯，发现了白雪公主，惊讶（yà）地喊道："天哪！这孩子真美呀！"

第二天早晨，七个小矮人听说了白雪公主的身世和遭遇后，非常同情她，就把她留在那里住下了。

王后又问魔（mó）镜谁最美丽，魔（mó）镜说："住在七个小矮人那里的白雪公主比你美一千倍呢！"王后吓了一跳，更想害死白雪公主了。她装扮成一个老太婆（pó），来到七个小矮人的房子跟前，趁（chèn）七个小矮人不在家，就用一根带子勒（lēi）白雪公主的脖（bó）子。白雪公主喘（chuǎn）不过气来，昏倒了。

七个小矮人晚上回到家，看见白雪公主倒在地上，大吃一惊。他们把白雪公主抱起来，剪断带子，救活了她。

狠毒的王后回到王宫（gōng），又问魔（mó）镜谁最美。魔（mó）镜说："七个小矮人那里的白雪公主比你美一千倍呢！"王后听了，气得发抖。她做了一个有毒的苹果，打扮成农妇，来到七个小矮人的房子跟前。她骗白雪公主吃苹果。白雪公主刚刚吃了一口，就倒在了地上。

七个小矮人晚上回到家，看到白雪公主死了，都哭了起来。邻国的王子知道了，就派卫士去抬白雪公主。不料，卫士们在路上震(zhèn)动了白雪公主，她喉咙里的毒苹果被震(zhèn)了出来。她睁开眼睛，醒了。王子很爱白雪公主，就向她求婚。白雪公主也很爱王子，就随他到了王宫(gōng)，举行了婚礼。

狠毒的王后也被邀请去参加婚礼。她一走进王宫(gōng)，就认出了白雪公主。她吓呆了，立刻像着了魔(mó)似的，怒(nù)气冲冲地叫嚷(rǎng)着跑出了王宫(gōng)，跑进森林，倒在地上气死了。

生字：肤(fū) 娶(qǔ) 企(qǐ) 幢(zhuàng) 讶(yà) 婆(pó) 趁(chèn)
脖(bó) 喘(chuǎn) 宫(gōng) 震(zhèn) 睁(zhēng) 怒(nù) 嚷(rǎng)

词语：皮肤(pífū) 企图(qǐtú) 同情(tóngqíng) 惊讶(jīngyà) 遭遇(zāoyù) 脖子(bózi) 震动(zhèndòng)

1.写一写：

肤				娶			
企				幢			
讶				婆			
趁				脖			
喘				宫			
震				睁			
怒				嚷			

2.读一读：

皮肤　肤色

娶妻　娶亲

企图　企望　企求

一幢房子　三幢楼

惊讶

老太婆　婆婆　外婆

趁机　趁早

脖子　围脖儿

喘气　气喘

王宫　皇宫　故宫

震动　地震　防震

睁眼　睁开

怒气　怒目　怒火　动怒

叫嚷

4 .对话：

方方：妈妈，我们今天学了一篇很有趣的课文，你
想听听吗？

妈妈：什么课文？讲给妈妈听听。

方方：就是《白雪公主》。

妈妈：哦！她为什么叫白雪公主？

方方：因为她的皮肤像雪一样白，非常漂亮。

妈妈：那她妈妈一定很喜欢她。

方方：她的妈妈刚生下她就死了，国王又娶了一个
王后。

妈妈：新王后喜欢她吗？

方方：一点儿也不喜欢。

妈妈：为什么呢？

方方：因为白雪公主长
得比她漂亮。她
不喜欢有人比她
更美，所以她非
常痛恨白雪公主。

妈妈：后来怎么样呢？

方方：王后派了一个猎人把白雪公主带到森林里，要把她杀死。可猎人很同情白雪公主，就把她放了。

妈妈：这个猎人真好。

方方：还有更好的人呢。白雪公主来到森林里的一幢小房子里，七个小矮人知道了她的遭遇，很同情她，就收留了她。

妈妈：那她可以在小矮人那里快乐地生活了。

方方：不。王后知道白雪公主没死，又想办法来害她。

妈妈：王后想了什么办法？

方方：她先是装成一个老太婆来到小矮人家，用一根带子勒白雪公主的脖子。白雪公主昏倒了。

妈妈：这太可怕了。后来呢？

方方：七个小矮人回来，救活了白雪公主。可几天后王后又打扮成农妇，拿着一个有毒的苹果来到七个小矮人的房子里。

妈妈：白雪公主吃苹果了吗？

方方：善良的白雪公主没认出那个农妇就是王后，她吃了一口苹果，就倒在了地上。

妈妈：太可惜了。

方方：别着急。邻国的王子听到这个消息后，派人来抬白雪公主。不料，卫士们在路上震动了白雪公主，她喉咙里的毒苹果被震了出来。她醒了。

妈妈：王子和白雪公主相爱了。不久，他们就结婚了。狠毒的王后气死了，对吗？

方方：对。妈妈，你怎么知道？

妈妈：这是一个很有名的童话，妈妈小时候就听过了。

方方：我还以为你不知道呢。

4．想一想、说一说：

（1）王后为什么一定要害死白雪公主？

（2）王后最后是怎么死的？

野 天 鹅

　　从前，有个国王，他有十一个儿子和一个女儿，女儿名叫艾丽莎（ài shā）。后来，国王娶（qǔ）了个新王后。新王后不喜欢这十二个孩子，用魔（mó）法把十一位王子变成了野天鹅，把艾丽莎（ài shā）赶出了王宫（gōng）。

　　一天傍晚，艾丽莎（ài shā）来到大海边，看见十一只野天鹅飞来，落在她身边。太阳下山后，野天鹅变成了她的哥哥。艾丽莎（ài shā）见到哥哥，高兴极了。

第二天早上，太阳出来了，十一位哥哥又变成了野天鹅；这时，艾丽莎睡得正甜呢。哥哥们织了一张大网，让妹妹躺在里面，衔起网飞向大海。他们飞到一个美丽的岛国。在那里艾丽莎遇见了一位仙女，她问仙女有什么办法可以解救哥哥。仙女告诉她：给野天鹅穿上麻衣，他们就会恢复人形，永远不会再变回野天鹅，可是在这之前，艾丽莎不能讲话。艾丽莎照着仙女的方法，拼命地织麻衣。

一天，岛上的年轻国王看到了艾丽莎。国王见艾丽莎这么漂亮，就爱上了她，把她接到王宫，准备娶她为王后。

白天，艾丽莎和国王在一起，到了晚上，就继续织麻衣。她织了一件又一件，已经织出了十件，可是，麻线用完了。半夜里，她悄悄地到教堂的墓地里去采麻，不料被大主教看到了。大主教报告国王说："艾丽莎是个魔鬼，要不，她为什么半夜到墓地里去呢？"国王相信了大主教的话，就下令把艾丽莎投进地牢，等天亮后再把她处死。艾丽莎想讲出心里的秘密，可是她不能讲话呀。在地牢里，艾丽莎仍然连夜不停地织呀、织呀，终于织成了第十一件麻衣。

第二天，艾丽莎被送往刑场。正在这时，十一只野天鹅飞来了，他们要救出妹妹。艾丽莎把麻衣抛给了野天鹅，野天鹅顿时变成了十一位年轻的王子。

艾丽莎可以讲话了。她向大家讲出了事情的经过，许多人感动得泪流满面。年轻的国王知道了，手捧鲜花，亲自去迎接艾丽莎，和她一起走回王宫。国王下令开庆祝大会，欢庆他们兄妹团聚。全城人唱歌跳舞，纵情欢乐。只有那位大主教吓得逃进深山里去了。

后来，年轻的国王又把他们兄妹送回国，并请老国王准许他娶艾丽莎做王后。那狠心的王后听说后，躲到森林里，不久，就被野兽吃掉了。

2

中文第十一册

八仙过海

相传古代有八个神仙，他们是韩湘子、蓝采和、吕洞宾、铁拐李、汉钟离、张果老、曹国舅、何仙姑，俗称"八仙"。有一次，王母娘娘举办生日宴会，各路神仙纷纷前去祝寿，八仙也应邀参加了。宴会结束后，八仙说说笑笑、高高兴兴地来到东海边。他们本来就略带醉意，这时看到一望无际的大海，情绪更加高涨起来。

吕洞宾说："今天大家高兴，咱们一起出海玩玩儿，怎么样？"

汉钟离说："好，让我们一起玩儿个痛快！"

吕洞宾又说："乘云过海不算本事，咱们还是各显神通，踏着海浪前进。"

话音刚落，铁拐李已将拐杖扔进海里，只见他猛地一跳，稳稳地站在拐杖上，乘风破浪，向前冲去。汉钟离一看，便把手中的扇子放在水中，双腿盘坐在上面，飞速地追了上去。张果老从衣袋里摸出纸驴，倒骑在驴上，喊一声"得儿"，驴子便踏浪而去。吕洞宾赶紧抽出宝剑放入海中，宝剑顿时在海面上分出一条水路。何仙姑手提花篮，不断地将鲜花撒向海中。海中的龙女们纷纷跃出水面争抢鲜花，为何仙姑架起一条水上通道。韩湘子拿出仙笛，轻轻一吹，听得入迷的海龟个个摇头晃脑地让韩湘子站在背上，向前游去。曹国舅脚踩玉板如乘龙舟，飞速前进。蓝采和也把玉板放进海里，那玉板光华四射，将海底龙宫照得雪白。玉板激起的海水，震动了龙宫。

正在饮酒作乐的东海龙王，不知海上发生了什么事情，忙派人前去探查。探查的人回来向龙王报告，说："八仙正在海上各显神通。"龙王听了大怒："真是胆大包天！他们竟敢扰乱龙宫！"说完，便

niǔ
一扭头，显出原形，跃出海面，张开血盆大口，一口咬住蓝采和的玉板，钻入海底。

蓝采和丢失了无价之宝，心里很不痛快。铁拐李性子急，嚷道："我去找龙王！"说罢，来到龙宫门前，破口大骂："我是铁拐李。你龙王竟敢在光天化日之下抢走玉板，若不快快交出来，我定烧干你的东海。"龙王听了，骂铁拐李不自量力。铁拐李
zhàng
一听火冒三丈，二话没说，将拐杖投入海中，变成
pēn xióng xióng
万条火龙，喷出熊熊大火，龙宫顿时一片火海。众
xiān
仙尾随而来，奋力作战，大显神通。老龙王眼看招架不住，为了保住东海，只好乖乖地捧出玉板，还给蓝采和。

xiān
从此，"八仙过海，各显神通"的故事，就这样一代一代传了下来。

生字：
xiān 仙	shòu 寿	lüè 略	zuì 醉	xù 绪	tà 踏	wěn 稳
shàn 扇	lǘ 驴	yǐn 饮	rǎo 扰	niǔ 扭	pēn 喷	xióng 熊

词语：
jǔbàn 举办　　benlái 本来　　qíngxù 情绪　　běnshi 本事　　yǎnkàn 眼看　　dùnshí 顿时

1.写一写：

仙　　　　　　　　　　寿
略　　　　　　　　　　醉
绪　　　　　　　　　　踏
稳　　　　　　　　　　扇
驴　　　　　　　　　　饮
扰　　　　　　　　　　扭
喷　　　　　　　　　　熊

2.读一读：

神仙　仙子　仙人　仙女　成仙　八仙过海

祝寿　高寿　长寿　寿命

简略　粗略　忽略　大略

醉意　醉酒　醉汉　醉鬼　麻醉

情绪　思绪　心绪　头绪　千头万绪

踏浪　踏步

平稳　安稳　十拿九稳

扇子　风扇　台扇　电扇

驴子　野驴　毛驴

饮酒　饮水　饮料　饮食

扰乱　打扰

扭头　扭身　扭动

喷火　喷水　喷射　喷出

熊熊大火

3.对话：

云云：今天我们学了《八仙过海》。方方，你知道
　　　是哪八位神仙吗？

方方：不知道。

云云：八仙就是韩湘子、
　　　蓝采和、吕洞宾、
　　　铁拐李、汉钟离、
　　　张果老、曹国舅、
　　　何仙姑。

方方：哦，是这几位呀！

云云：怎么？你听说过？

方方：没有，但我听说过"张果老倒骑毛驴"和
　　　"狗咬吕洞宾"这样的话。

云云：是吗？"狗咬吕洞宾"是什么意思？

方方：狗咬吕洞宾——不识好人心。

云云：哦，是这样。

方方：那你快告诉我《八仙过海》的故事吧。

云云：好。传说有一次王母娘娘过生日，八仙都去

17

给她拜寿。

方方：王母娘娘的生日宴会一定很热闹吧？

云云：对，可热闹了。宴会结束时八仙都快醉了。

方方：他们喝醉了？

云云：对，他们说说笑笑地来到东海边，决定一起
　　　出海去玩儿。

方方：怎么去呢？

云云：吕^{lǚ}洞宾提议大家各借用一物，踏着海浪去。

方方：真有意思！那他们都借用了些什么呢？

云云：铁拐李站在拐杖^{zhàng}上，汉钟离坐在扇子上，张
　　　果老倒骑在纸驴上……

方方：吕^{lǚ}洞宾呢？

云云：他用宝剑^{jiàn}在海上划了一条水路，就轻轻松松
　　　地向前走去了。

方方：那何仙姑呢？

云云：她手提花篮，向海里撒了无数的鲜花。龙女
　　　们争抢鲜花，为何仙姑架起了一条通道。

方方：太美了！

云云：韩湘子^{hán xiāng}吹着仙笛^{dí}，站在海龟的背上；曹国舅^{cáo jiù}

和蓝采和脚踏玉板，飞速地向前冲去。

方方：啊，他们真厉害呀！

云云：对，"八仙过海"说的就是他们各显神通这
　　　个意思。

4.想一想、说一说：

（1）八仙为什么要各显神通？

（2）八仙是怎样各显神通的？

小人鱼

　　在深海里，有一座华丽的海王宫殿，里面住着小人鱼。

　　海王有六个美丽的女儿。一天，最美丽的也是最小的女儿探出海面。这时，太阳刚刚落下去。夜空中，星星闪着亮光，美极了。小人鱼看见一条三桅船。她游到船边，见一位英俊的王子正在庆贺自己的生日。忽然，天空乌云翻滚，巨大的风暴袭来，船在浪尖上忽上忽下，一会儿就断裂了，慢慢地沉入了海底。小人鱼立刻扎进海水深处去救王子。她发现王子已经失去了知觉，于是就抱着王子，浮出了水面。

第二天，风平浪静了，小人鱼发现自己和王子被抛在一个海滩上。王子的手脚已经僵硬了，眼睛仍然紧闭着。小人鱼用一只贝壳盛了些清水，喂进了王子的嘴里。这时，她见远处有个年轻的姑娘向这边走来，就赶紧躲在岩石后面。原来那个姑娘是邻国的公主。王子醒过来，看见了公主，说："原来是你救了我，太感谢了！"公主命令仆人把王子抬进了城堡。小人鱼孤零零地留在了海滩上，心里很悲伤。"要是王子知道是我救了他就好了。"小人鱼想着，眼泪像断了线的珍珠，顺着脸蛋儿滚了下来，因为她已经爱上王子了。

　　小人鱼的姐姐们告诉她说，要是海妖能把她变成人，她就能再见到王子。

　　小人鱼找到海妖，央求海妖把她变成人。海妖答应了，但是要小人鱼用甜美的嗓子作报酬，还说："你如果不能和王子结婚，就会变成一个泡沫。"小人鱼说："这是我心甘情愿的。"

　　小人鱼吞下了海妖给的魔药，刹那间，一阵剧痛，便晕了过去。她醒来后，发现自己原来长尾巴的地方，已长出了一双美丽的腿。小人鱼来到海滩上，果然见到了王子。王子问她出了什么事，她只能含情脉脉地、悲伤地看着王子，因为她把嗓子给了海妖，自己说不出话来了。

王子把她带到宫里，送给她一套漂亮的衣裳。她多么想告诉王子自己快乐的心情啊，但她不能说也不能唱，就起身跳起舞来。这时，她就像一个会飞翔的洋娃娃，把在场的人都迷住了，特别是王子。一天天过去了，她同王子越来越亲密。王子像爱小妹妹一样爱着她。

一天，王子对她说："我要娶救我的那个公主了。"

小人鱼哭不出声来，只好深深地叹息。她知道，要是王子和别人结婚，第二天一早她就会化作海里的泡沫。这时，小人鱼的姐姐们用自己的头发从海妖那里换来了一把魔刀。她们把魔刀交给小人鱼，要她在第二天杀死王子，否则她自己就会死去。一想到要杀死王子，小人鱼心里就不安宁。她自语道："我不能为了活命去杀我爱的人……再见了，王子！再见了，父亲。原谅我，亲爱的姐姐们！"

于是，她把刀扔进波涛，自己也纵身跳进了大海。小人鱼为了自己所爱的人，付出了自己的一切。

可爱的熊猫

熊猫，又叫猫熊。它是世界上的珍贵动物之一，数量极少，只有中国才有。

熊猫十分惹人喜爱。它那一对乌(wū)黑发亮的大眼睛显得格外有神。它的四肢(zhī)、肩膀(jiān)、耳朵和眼圈(quān)都是黑色的，其他地方却是白的，十分有趣。

熊猫一般生活在森林里。它喜欢吃竹子，常常一边吃，一边走。其实熊猫在几百万年以前只是吃肉，后来由于居住、生活的环境的变化，才改为吃竹子。现在，熊猫的牙齿已发展成专门用来吃竹子了，不过它的肠胃还有食肉动物的特点。所以，它有时也会逮一些小动物吃。森林里有一种小动物叫竹鼠，经常钻进洞里咬竹根。熊猫听到竹鼠咬竹根的声音，就能根据声音找到竹鼠的洞口。找到洞口后，熊猫就不停地往洞里喷气，并用力拍打洞口。这个办法很有效。吓坏了的竹鼠以为是什么野兽进洞来吃它，就慌忙逃窜。谁知熊猫早就等在洞口，它一窜出来就马上被逮住了。

熊猫有时候很调皮。在森林里，它趁猎人出去打猎的时候，就大摇大摆地闯进猎人的小草屋里，偷吃猎人的东西。吃完了，还把勺子、筷子、叉子扔得远远的，甚至还把锅挂在树上。它喜欢爬树，常常爬到树上去剥树皮，不一会儿，一棵树上的树皮就会被它剥得精光。它喜欢喝水，喝饱之后，常常像喝醉了酒那样东倒西歪，躺在河边睡大觉。熊猫睡觉的姿势很特别。它睡觉时，肚子朝天，有时轻轻地拍着肚皮，有时两腿一蹬就翻了个身。人们还以为它睡醒了，其实它还在继续睡呢。

熊猫看起来很笨，其实很机灵。森林里有一种野兽叫豺狗，它经常在背后袭击熊猫。熊猫遇到豺狗的时候，就四脚朝天地躺在地上，用四个脚爪子撕打豺狗，经常把豺狗打得头破血流。

熊猫还喜欢在平坦的草地上悠闲地散步，愉快地玩耍。有时，它低着头好像在寻找什么，又像在思索什么；高兴时，不吵也不闹，总是在地上翻跟头，像一个大皮球在地上滚动，可有趣了。

熊猫在动物园里特别受欢迎。它的一举一动，给成千上万的游客带来了无限的乐趣。

生字：肩 圈 牙 胃 逮 效 窜 叉 剥 蹬 狗 袭 索 吵

词语：喜爱 格外 其他 有效 袭击 思索 无限

1.写一写：

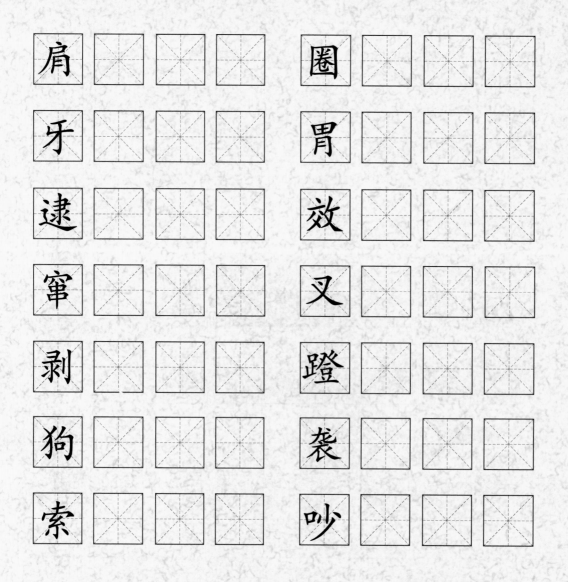

肩

牙

逮

窜

剥

狗

索

圈

胃

效

叉

蹬

袭

吵

2.读一读:

肩膀　双肩　两肩　并肩

眼圈　圆圈　光圈

牙齿　牙缝　门牙　虫牙　刷牙　牙刷　牙科

肠胃　胃痛　胃病

逮住

有效　见效　特效　效果

逃窜　上窜下跳

叉子　刀叉

剥树皮　剥花生

蹬腿　蹬一蹬

小狗　狼狗　猎狗　野狗　狗熊

袭击　空袭　偷袭

思索　探索　摸索

吵闹　吵架　吵嘴　争吵

27

3.对话：

亮亮：爸爸，你看我画的
　　　这幅《熊猫图》怎
　　　么样？

爸爸：还真不错。是要拿
　　　去参加比赛的吧？

亮亮：对。我上次去动
　　　物园看了熊猫以
　　　后，就特别喜欢
　　　它们了。你看，
　　　它的四肢、肩
　　　膀、耳朵
　　　和眼圈都是黑色的，其他地方却是白色的。
　　　好看吗？

爸爸：好看。你知道熊猫爱吃什么？

亮亮：竹子。你看我在熊猫的旁边画了那么多竹子。
　　　听老师介绍，一只熊猫一天能吃掉三四十斤
　　　竹子呢。

爸爸：哦。那它还吃别的东西吗？

亮亮：我想它只吃竹子，不吃别的。

爸爸：这回你就错了，它有时也抓一些小动物来吃。你知道吗？在几百万年前，熊猫是吃肉的。

亮亮：那它现在为什么不吃肉了呢？

爸爸：因为它居住、生活的环境有了变化，它的生活习性也改变了。现在，它的牙齿已发展成专门用来吃竹子了，但它的肠胃还有食肉动物的特点。

亮亮：怪不得它现在还吃一些小动物了。爸爸，听说世界上的熊猫数量不多了，是吗？

爸爸：对。大熊猫的故乡在中国。它是一种正在走向灭绝的动物。

亮亮：老师也这样说。为什么呢？

爸爸：原因有很多。比如它吃的竹子有时会大量死亡，造成食物不足，而且有人还在捕杀它。

亮亮：那些人太坏了。

爸爸：现在，世界上的熊猫一共不到一千只了。亮亮，你说，我们能给它们一些什么帮助呢？

亮亮：我要给它们准备足够的食物，让它们生活得舒舒服服的，还要把那些捕杀它们的人抓起来！

爸爸：我们的亮亮真有志气。爸爸支持你。

4.想一想、说一说：

（1）熊猫喜欢吃什么？

（2）熊猫都有哪些特点？

"领航员"海豚
tún

　　大海之中，生活着一种聪明的动物——海豚。它
和人类很亲密，常常帮人类做有益的事情，例如在
海洋充当义务"领航员"，引导船只绕过暗礁，平
安地到达目的地。

　　1880年的一天，大雾笼罩着新西兰的别洛鲁斯
海湾，一艘轮船像树叶一样在布满暗礁的海面航行。
"天啊！我们怎么办？"船长绝望地喊着。

　　突然，船长发现在前面不远的地方，一只海豚在跳跃。他明白，有海豚跳跃的地方水一定很深，不会触礁。于是船长决定跟着这只海豚前进。奇怪的是，海豚也好像是专门来领航的，带着轮船穿过浓雾，绕过暗礁，终于把轮船平安地领出了海湾。海员们高兴地把这只海豚取名为"别洛鲁斯·杰克"。从此以后，这艘轮船每次经过这里，都会遇到这位忠实的"领航员"。这只海豚天天做"领航员"，一次也没有发生过事故，一直做了32年。

后来，人们在海底岩石缝里找到了它的尸体。为了感激它所做的一切，特意举行了一个隆重的葬礼，还建造了一座纪念碑。为此，新西兰政府专门颁布了保护海豚的法令，号召人们保护海豚，保护海洋动物。

聪明的黑猩猩

五百万年前，人类和黑猩猩是一家人，祖先是共同的。所以，黑猩猩具有人类的某些特点，而且是动物界中最聪明的动物。通过训练，黑猩猩能毫无困难地使用工具，能用手势与人交谈，能做许多比较复杂的事情，例如拖地板、扫垃圾、拧干湿衣服，有时候还能像人类那样吃饭，像模像样的使用刀叉和汤匙，津津有味地吃各种食物。黑猩猩还会骗人，会扔石头，会有计划地去捕杀别的动物。为了测量黑猩猩的智慧究竟有多高，科学家们专门设计了一个有趣的实验。

在一间空房子里，科学家在天花板上悬挂了一串香蕉，房间里还放了几个空木箱子。然后，让一只饥饿的黑猩猩走进去，看它怎样吃香蕉。黑猩猩进到房间里，蹲在地上，很快便发现了香蕉。它急于想吃，可偏偏又够不着。它在空房间里走来走去，仿佛在想："怎样才能吃到香蕉呢？"后来，黑猩猩发现了空木箱。于是，它搬起一个箱子，放到香蕉的下面，然后站到箱子上，伸长双臂，可还是够不着。聪明的黑猩猩又去搬了一个箱子叠在第一个箱子上面，但高度仍然不够。最后，它搬来第三个箱子，又把它叠在第二个箱子上面。这样，它终于摘到香蕉了。这个实验说明，黑猩猩有像人那样的智能行为，能够通过推理和判断去克服困难。

　　聪明的黑猩猩是世界上的珍稀动物之一。由于遭到捕杀，它的数量正在逐年减少。为了保护黑猩猩，很多国家都制定了有关的政策和法律。澳大利亚有一位动物研究专家叫辛格，他写过一篇《关于猩猩的宣言》，要求给猩猩生存的权力，保护它们的自由，禁止捕杀和折磨它们。世界上很多著名科学家都在这篇宣言上签了名。

我们都要保护黑猩猩，保护野生动物，因为它们是我们人类的朋友。

生字：
tuō	lā	jī	níng	chí	xuán	chuàn
拖	垃	圾	拧	匙	悬	串

dūn	piān	dié	xī	jiǎn	cè	qiān
蹲	偏	叠	稀	减	策	签

词语：
shǐyòng	lājī	jìhuà	jiūjìng	zhìdìng	zhèngcè	fǎlǜ
使用	垃圾	计划	究竟	制定	政策	法律

1.写一写：

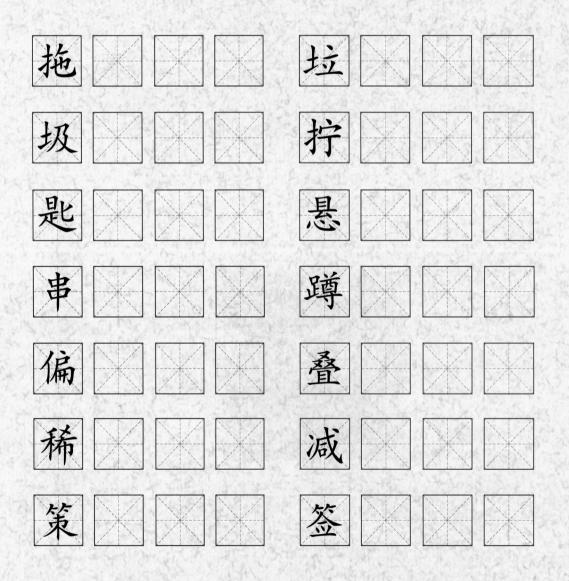

拖　　　　垃
圾　　　　拧
匙　　　　悬
串　　　　蹲
偏　　　　叠
稀　　　　减
策　　　　签

2.读一读：

拖地板　拖把　拖鞋

垃圾　垃圾桶　垃圾堆　垃圾箱　垃圾袋　垃圾车

拧干

汤匙　匙子

悬挂　悬空　悬浮

一串香蕉　一串葡萄　一串珍珠

蹲着　蹲下

偏偏　偏要　偏不

叠起来　重叠　层层叠叠

珍稀　稀少　稀奇　稀有　稀客

减少　减价　减速　减轻　减弱　加减

政策　策划

签名　签字　签约　签证　签收　签到

3. 对话：

云云：爸爸，老师说黑猩猩(xīng xīng)和人类本来是一家人，
对吗？

爸爸：对，黑猩猩(xīng xīng)和人类的祖先是共同的，在五百
万年前是一家人。

云云：难怪老师说黑猩猩(xīng xīng)是动物界中最聪明的动物。

爸爸：据说，黑猩猩(xīng xīng)能像人类那样使用工具，能用
手势与人类谈话。

云云：那它能拖地板、扫垃圾吗？

爸爸：能。有时它们还能像人类
那样吃饭呢！

云云：也用刀叉和汤匙吗？

爸爸：对呀，它们还会骗人呢！

云云：真有意思。

爸爸：更有意思的是它们还会动脑子、
想办法。

云云：是吗？

爸爸：是呀！有一次，科学家们做
了一个实验，证明黑猩猩(xīng xīng)能

像人一样，通过推理和判断克服困难。

云云：是什么实验？

爸爸：科学家在天花板上挂了一串香蕉，又在房间
　　　里放了几只空木箱子，然后让一只饥饿的黑
　　　猩^{xīng}猩^{xīng}走了进去。

云云：黑猩^{xīng}猩^{xīng}吃到香蕉了吗？

爸爸：别着急，听我说。黑猩猩^{xīng xīng}很想吃香蕉，可怎
　　　么也够不着，它在房子里走来走去，最后想
　　　出了一个办法。

云云：什么办法？

爸爸：它搬起木箱放在香蕉的下面，站在木箱上还
　　　够不着，它又在上面放了第二个、第三个木
　　　箱，终于摘到香蕉了。

云云：它真是太聪明了！

4．想一想、说一说：

（1）为什么说黑猩猩^{xīng xīng}是动物界中最聪明的动物？

（2）科学家们的实验证明了什么？

青蛙演员和青蛙比赛

青蛙是一种可爱的小动物，它除了捕捉害虫、保护庄稼以外，有的经过特殊训练后，还能参加各种各样的比赛。

在美国，每年都要举行一次青蛙比赛。为了使青蛙取得好成绩，有个美国人开设了一个"青蛙训练中心"，专门为人培训供比赛用的青蛙。这个训练中心培养出来的青蛙，有的会驾驶特制的小型摩托车，有的会在特制的单杠上表演各种惊险动作。这类别出心裁的青蛙比赛，吸引了许许多多的观众，有些人甚至从很远的地方驾车而来，为的是亲眼目睹青蛙们的精彩表演。

美国加利福尼亚州还有一所训练青蛙的"学校"。被选进学校里去的青蛙，每只都有自己的"房间"，定时喂食，还进行健康体操、推拿、游泳以及 40 小时的催眠心理疗法等训练。一般经过 40 多天的特种训练后，这些四条腿的"学生"便成为出色的运动员了。

　　1983 年，这所学校培养出来的青蛙，作为最出色的跳远运动员，以 6.8 米的惊人成绩，打破了原先 5.29 米的纪录，创造了青蛙跳远新的世界纪录。

综合练习(一)

1.读拼音，写汉字：

（1）她来到一___(zhuàng)小房子前，惊___(yà)地喊道："天哪！这房子旁边的花多美啊！"

（2）八___(xiān)参加完生日___(yàn)会后，说说笑笑，高高兴兴地来到东海边。他们本来就___(lüè)带___(zuì)意，这时看到一望无际的大海，情___(xù)更加高___(zhǎng)起来。

（3）熊猫的四肢、___(zhī)膀、耳朵和眼___(jiān)都是黑色的，其他地方都是白色的，十分有趣。黑猩猩通过学习，能做许多较复杂的事情，例如___(tuō)地板、扫___(lā)___(jī)，___(níng)干湿衣服，有时还会用刀___(chā)和汤___(chí)来吃饭。它们是动物界中最聪明的动物。

2.选出没有错别字的一组词语，在( )里打"√"：

（1）皮肤　扇子　龙宫　欢迎( )
（2）香蕉　猎人　玩要　海面( )
（3）喉咙　海浪　勺子　悬挂( )
（4）筷子　脖子　姿势　垃圾( )

3.填空：

___风___浪　　　___头___脑　　　光华___ ___

各___ ___通　　　___ ___包天　　　___ ___之宝

不___ ___力　　　火___三___　　　东___西___

4.读句子，写出加点词语的反义词：

(1)镜子说："白雪公主比你美一千倍呢！"( )
(2)我睁开眼睛一看，天亮了，太阳出来了。( )
(3)熊猫看起来很笨，其实它很会想办法。( )
(4)通过学习，黑猩猩能做许多比较复杂的事情。
　　　( )

5.读课文，判断句子，对的打"√"，错的打"×"：

（1）黑猩猩（xīng xīng）是动物界中比较聪明的动物。（　）

（2）黑猩猩（xīng xīng）有像人那样的智能行为，能够通过推理和判断来克服困难。（　）

（3）熊猫只吃竹子，不吃别的东西。（　）

（4）熊猫是世界上的珍贵动物之一,很受人们欢迎。（　）

（5）吕（lǚ）洞宾丢失了无价之宝，心里很不痛快，就去找龙王。（　）

（6）美丽的白雪公主和王子结了婚，狠毒的王后怒气冲冲地叫嚷着跑进森林,倒在地上死了。（　）

6.阅读短文，选择正确答案：

　　香蕉是美国人最爱吃的水果之一，平均每人每年食用香蕉达15公斤，是香蕉消费大国。

　　香蕉是一百多年前才传入美国的。1804年，一位船长从古巴带来30串香蕉，美国人第一次看见了这奇妙的水果。在此后很长一段时期内，香蕉在美国仍是很稀罕（hǎn）的水果，价格也高得惊人，一般人不

敢问津，直到1876年，在费城博览会上，香蕉仍是
水果中的珍品，当时要花10美分才能买到一根香蕉。
进入20世纪后，香蕉这一珍果才逐渐出现在寻常百
姓的餐桌上。

（1）香蕉在什么时候才成为美国的一种普通水果？

    A．19世纪初　　　　　B．19世纪30年代

    C．19世纪70年代　　D．20世纪

（2）文中"稀罕"是什么意思？

    A．少有、新奇　　　　B．价格昂贵

    C．美味可口　　　　　D．大众喜爱

7.把你从广播电视里听到的一件新鲜事讲给同学们听，
  并把这件事写在下面：

华侨旗帜
_{zhì}

　　陈嘉庚先生是中国近代史上的一位伟人，著名
_{jiā gēng}
的爱国华侨，被誉为"华侨旗帜，民族光辉"。
_{yù} _{zhì}

　　陈嘉庚1874年诞生于中国福建省厦门市集美镇。
_{jiā gēng} _{xià} _{zhèn}
当时，清朝政府腐败无能，国家贫穷落后，在他的
_{fǔ} _{pín}
家乡集美，十几岁的儿童不但没有书读，甚至连衣
服都没得穿。这给年轻的陈嘉庚留下了深刻难忘的
_{jiā gēng}
印象，也促使他日后下决心办教育，改变家乡贫穷
_{pín}
落后的面貌。
_{mào}

　　1890年秋，17岁的陈嘉庚漂洋过海，来到新加
_{jiā gēng}
坡，开始跟着父亲学经商，后来又开办工厂。经过

一番艰苦创业，到了三十岁的时候，他已经成为有名的华侨实业家了。这时，陈嘉庚兴办教育、报效祖国的愿望更强烈了。1913年，他在家乡创办了第一所小学集美小学，以后又陆续办了十几所学校，统称为集美学校。1923年，孙中山先生亲自批准集美为"中国和平学村"。从此，"集美学村"名扬海内外。

陈嘉庚还以极大的热情发展侨居地的教育，在新加坡倡办和赞助了许多学校，为振兴侨居地的教育做出了积极的贡献。

1920年，陈嘉庚又几乎拿出全部家财创办厦门大学。这是当时华侨在国内独资创办的唯一的一所私立大学。后来，他又将厦门大学无条件地献给了政府，改私立为国立。

1949年10月1日，陈嘉庚应邀登上了天安门城楼，参加开国大典，亲眼看到了鲜艳的五星红旗在雄壮的国歌声中庄严地升起，深深感到作为一个中国人十分自豪，同时也感到责任重大。中华人民共和国成立以后，他先后担任中央人民政府委员、华侨事务委员会委员、全国侨联主席、全国政协副主席，以极大的热情投身于新中国的建设事业。从1950年到1955年，他又先后投入大量资金用于建设集美学村和厦门大学。为振兴教育，陈嘉庚不惜花费一切钱财和毕生的心血。据统计，他一生花在办教育上的钱超过了一亿美元，然而他和家人的生活却十分朴素。他每天粗茶淡饭，衬衫和裤子穿破了，就补一补再穿，家里的摆设也十分简朴。他说："人生在世，不要为个人的生活打算，而要为国家民族奋斗！"

陈嘉庚先生于1961年8月逝世。人民和政府为了纪念他，在他的家乡为他修建了陵园，树立了纪念碑。陈嘉庚不愧是中国人民的好儿子。

生字：

|zhì|zhèn|fǔ|pín|mào|chàng|zhèn|yāng|
|帜|镇|腐|贫|貌|倡|振|央|

|wěi|xí|yì|shān|kù|shì|bēi|
|委|席|亿|衫|裤|逝|碑|

词语：

|luòhòu|jiāxiāng|miànmào|qiángliè|lùxù|pīzhǔn|
|落后|家乡|面貌|强烈|陆续|批准|

|tiáojiàn|zhuāngyán|zhǔxí|tóurù|dàliàng|pǔsù|
|条件|庄严|主席|投入|大量|朴素|

专有名词：陈嘉庚　新加坡

1.写一写：

帜				镇			
腐				贫			
貌				倡			
振				央			
委				席			
亿				衫			
裤				逝			
碑			

2.读一读：

旗帜　一面旗帜　华侨旗帜

小镇　城镇　乡镇　市镇

腐败　腐化　腐烂　豆腐

贫穷　贫困　贫苦　贫寒　贫民

面貌　外貌　相貌　容貌　美貌　新貌　礼貌

倡办　提倡　倡导　倡议

振兴　振奋　振作

中央　中央电视台　中央人民政府

委员　委任　委派

主席　副主席　出席　入席　退席　缺席　宴席

一亿　亿万

衬衫

裤子　长裤　短裤

逝世　去逝

纪念碑　丰碑

3.对话：

大卫：亮亮，听说你伯父来了。

亮亮：对，他是前几天来的。他住在中国福建集美。

大卫：集美？是陈嘉庚办学的那个地方吗？

亮亮：你怎么知道陈嘉庚在集美办学？

大卫：我们今天在中文学校刚学了《华侨旗帜》这
　　　篇课文。

亮亮：哦！原来是这样！怪
　　　不得……

大卫：陈嘉庚是中国人，我
　　　提几个问题，看看
　　　你能不能回答。

亮亮：想考我？好，尽管
　　　问吧。

大卫：陈嘉庚为什么要办学？

亮亮：因为当时中国十分贫穷，孩子们都没书读。
　　　他就下决心要改变那种落后面貌。

大卫：他办的第一所小学叫什么名字？

亮亮：这难不倒我，叫集美小学。

大卫：1949 年 10 月 1 日……

亮亮：他参加了中华人民共和国成立大典。

大卫：这么快，我还没问完呢。他一生花在办教育
上的钱起码超过了一亿美元,他的生活怎样？

亮亮：他自己的生活十分朴素,每天都是粗茶淡饭。

大卫：看来还真的考不倒你。

亮亮：那当然，我爸爸是福建人。去年我们一家回
中国，还专门去集美走了一趟。现在集美可
漂亮了。

大卫：那当然，集美集美，就是把各地的美都集中
在一起，怎么能不漂亮呢？

亮亮：你真会开玩笑。

4.想一想、说一说：

（1）陈嘉庚_{jiā gēng}为什么下决心办教育？

（2）陈嘉庚_{jiā gēng}的事迹说明了什么道理？

富兰克林

距今200多年前的一天，在北美洲的费城发生了一件轰^{hōng}动世界的事。

这天下午，天气异常闷热，乌^{wū}云遮^{zhē}盖了整个天空，一场可怕的大雷雨就要来了。可是在广阔的田野上，却有两个人在放风筝^{zhēng}。

他们是美国著名的科学家富兰克林和他的儿子。他们放风筝并不是为了玩耍，而是要进行一次大胆的科学实验。他们的风筝是用绸子做的，上面挂着一把钥匙。他们试图用风筝把天上的雷电引下来。

　　那时，人们对电的认识还很肤浅。像闪电，人们就不知道是什么东西，有人说是"上帝之火"，也有人认为是一种毒气在空中爆炸的结果。在这种情况下，富兰克林开始了自己的电学实验。他发现天上的闪电和摩擦产生的电有许多相似的特点，认为闪电绝不是什么神秘的东西，它只是一种物质，和静电实验中产生的电火花一样。为了证实这个观点，富兰克林决定用风筝把天上的闪电引下来，于是冒着危险和儿子在雷电交加中放起了风筝。

　　父子俩在等待着奇迹的出现。随着一道雪亮的闪电，只听见"噼啪"一声，风筝上的钥匙冒出了一束蓝色的电火花。"啊，是电！"他高兴极了。

　　富兰克林成功地证实了雷电是一种自然现象。这个实验破除了人类对雷电的种种迷信，使人类对电的认识前进了一大步。他还通过这个实验，发明了避雷针。200多年来，小小的避雷针屹立在世界各地高大的建筑物上，保护了无数的建筑物，使许多人免受雷击。

　　富兰克林不仅在电学方面取得了卓越成就，而且其他方面也有许多创造发明。最可贵的是，富兰克林从来不把自己的科学成果当作谋取私利的手段。有人曾建议他对自己的发明申请专利，说："您为人类造福，所以您应该拥有专利权，作为对您的发明的酬谢。"富兰克林回答说："不，该受我酬谢的人可多着呢。我只不过作出了一点小小的发明，我应该把这个发明无私地献给大家，作为我享受别人发明的酬谢。"富兰克林就是这样一个竭尽全力为人类造福的科学家。

幽默大师

  1835 年11月30日，一个大脑袋、红卷发、蓝眼睛的孩子在美国佛罗里达一位律师家诞生了。这个孩子叫塞缪尔，他后来成为美国的著名作家，笔名叫马克·吐温。

  1855 年，马克·吐温 20 岁时坐船去巴西远游。置身于波涛汹涌的大海中，他对航海产生了浓厚的兴趣。在 500 海里的航行中，他刻苦学习航海知识，初步掌握了驾驶技术。后随船返航时，他已能操舵导航了。为了纪念这次航行，他就用领航员的一个术语"马克·吐温"作了笔名，意思是说船可以顺利航行。

马克·吐温是著名的幽默大师，他机智幽默的言辞，最能引人发笑，所以人们称赞他是一个"讲笑话的能手"。

有一次，马克·吐温到一个小镇去。去前，别人告诉他那里的蚊子特别多。马克·吐温却说："没关系，我和蚊子没有亲戚关系。"

到了小镇以后，马克·吐温在旅馆登记房间，这时，一只蚊子像醉酒似的在马克·吐温面前晃来晃去，还发出令人讨厌的"嗡嗡"声。服务员见了很尴尬，连忙向马克·吐温道歉。马克·吐温就说："贵地的蚊子不知比传说的聪明多少倍，它竟会预先看我登记哪个房间，以免夜晚光顾时不至于走错门。"但这一夜马克·吐温却睡得特别香甜。原来，旅馆里的所有工作人员一齐出动，把蚊子都赶跑了。

马克·吐温喜欢跟别人开玩笑。一次，他去一个地方演讲，碰到一位青年。那个青年非常仰慕马克·吐温，佩服他的机智幽默，就想试试马克·吐温的才能，于是告诉马克·吐温说："马克·吐温先生，我有一位老叔父，不论任何人，任何事情，都不能使他发笑。你能使他发笑吗？"

马克·吐温说："今晚把你的叔父带来听我演讲，我保证使他笑起来。"

当天晚上，青年人扶着老叔父来听演讲。马克·吐温讲了一个有趣的故事，听众不断地发出笑声，唯独那位老人脸上毫无表情。马克·吐温见了，不肯放弃，又接着讲了两个更有趣的故事，听众都笑得肚子痛了，可是那位老人仍然无动于衷。马克·吐温只好停止演讲。

几天以后，马克·吐温和他的一位好朋友谈起此事，朋友告诉他说："你怎么能使他发笑呢？那位老人已经耳聋好几年了。"

马克·吐温听后，一本正经地说："啊，那太可惜了，如果我知道他是个聋子的话，发笑的一定是我了。"

一句话，说得他的朋友哈哈大笑起来。

生字：

幽 涛 舵 辞 蚊 嗡
yōu tāo duò cí wén wēng

尴 尬 扶 唯 弃 聋
gān gà fú wéi qì lóng

词语：幽默　诞生　驾驶　蚊子　亲戚　登记
　　　yōumò dànshēng jiàshǐ wénzi qīnqi dēngjì

　　　讨厌　尴尬　道歉　预先　才能　保证
　　　tǎoyàn gāngà dàoqiàn yùxiān cáinéng bǎozhèng

专有名词：马克·吐温
　　　　　Mǎkè tǔwēn

60

1.写一写：

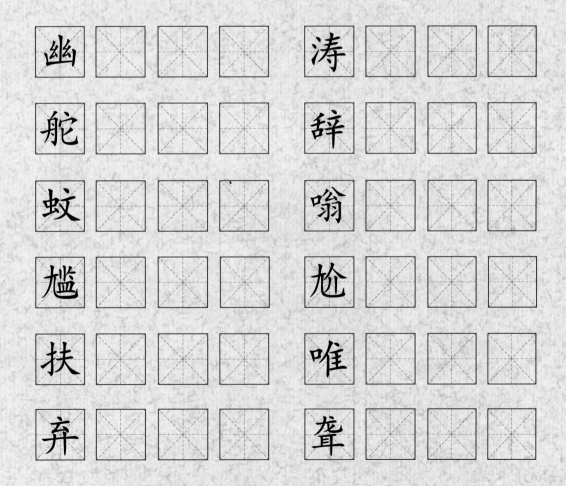

幽				涛			
舵				辞			
蚊				嗡			
尴				尬			
扶				唯			
弃				聋			

2.读一读：

幽默　幽静　幽雅　清幽

波涛　浪涛　海涛　波浪涛天

掌舵　舵手　舵盘

言辞　贺辞　辞典

蚊子　蚊香　蚊帐

嗡嗡

尴尬

扶着　扶手　扶持　扶贫　救死扶伤

唯独　唯一

放弃　抛弃　弃权

耳聋　聋子　耳聋眼花

3.对话：

爸爸：云云，你一个人在那儿笑什么呀？

云云：爸爸，你来看。这个故事真好笑！

爸爸：什么故事？

云云：马克·吐温的故事。人家劝他别去那个蚊子很多的小镇，他却说他和蚊子不是亲戚，没关系的。

爸爸：哈哈！他真幽默。我也听说过一个关于马克·吐温的故事。

云云：是吗？快说给我听听。

爸爸：有一个人听说马克·吐温是个有名的幽默大师，心里不服气，想捉弄他一下。

云云：怎么捉弄的呢？

爸爸：一天，这个人见马克·吐温牵着一匹马走了过来，连忙走上前去，拿出一块面包，满脸笑容地说："哎呀，您太辛苦了，请吃一块面包吧。"

云云：这个人为什么要给马克·吐温面包呢？

爸爸：别急嘛，你往下听就知道了。

云云：哦。

爸爸：马克·吐温见这人这么友好，连忙说："谢谢！"谁知还没等马克·吐温把面包接过来，那人就大笑起来："哈哈，我是在跟马讲话，想不到你也会上当啊！"

云云：马克·吐温怎么说呢？

爸爸：马克·吐温不慌不忙地拍拍马脖子，大声说："唉，难怪今天你不肯吃早餐，原来跟你哥哥约了吃面包呀！"

云云：哈哈！

4.想一想、说一说：

（1）"马克·吐温"这个笔名是什么意思，他为什么要用这个笔名？

（2）为什么说马克·吐温是一位幽默大师？

又一次把客人忘了

　　法国著名雕塑家罗丹^{luó dān}有一尊名叫《思想者》的
雕塑作品。这尊雕塑的问世，曾轰^{hōng}动了整个艺术界。

　　有一次，罗丹^{luó dān}邀请他的好友奥地利作家斯蒂芬^{sī dì fēn}·
茨^{cí}威格到他家做客。饭后，罗丹^{luó dān}兴致勃勃地带着客
人参观他的工作室。罗丹^{luó dān}边走边向茨^{cí}威格介绍自己
的作品和创作经过。他们走到一座刚刚完成的塑像
前，罗丹^{luó dān}掀开搭在上面的湿布，一座仪态端庄的女
塑像矗^{chù}立在他们面前。茨^{cí}威格仔仔细细欣赏后，禁
不住拍手叫好，并热情地搂着罗丹^{luó dān}的肩膀，表示祝

贺。罗丹开始也很高兴，但不一会儿却慢慢地皱起了眉头，嘴角也抿紧了。他摇摇头说："嗯！这座塑像还不行，还有毛病，左肩偏斜了一点儿，脸上的神情还表现得不够。噢，对不起，你等我一会儿。"说完，他拿起抹刀，对塑像进行修改。

茨威格怕打扰罗丹，就悄悄地退到一边。只见罗丹一会儿上前用刀修改，一会儿退后仔细观察，嘴里还说些语无伦次的话，好像在和塑像交谈。有时，罗丹的嘴里会发出大声的"哼哼""啊啊"声，眼里闪着异样的光芒，似乎在同别人发生激烈的争吵。他一会儿进，一会儿退，把地板踏得"嘎嘎"直响，手不时地举起抹刀挥舞……时间在慢慢过去，罗丹的动作越来越有力，情绪越来越亢奋。他的脸因激动而胀得通红，就像喝醉了酒。世界在他眼前已不存在，他眼里只有这尊塑像。罗丹来来回回修改了足有一个多小时，然后对着那座塑像痴痴地笑，轻轻地吁了口气，重新拿起湿布给塑像披上。

茨威格见老朋友修改结束，情绪已经平稳，就走上前去，准备同罗丹交谈。不料，罗丹拍拍手上的泥，沉思着，旁若无人地走了。走出门，罗丹顺手把门拉上，准备上锁。还在工作室里的茨威格这才明白过来，老朋友的心里已被塑像整个儿占据了，忘了自己的存在，就赶忙大声喊了起来："喂，我的朋友，你怎么啦？我还在屋子里呀！"罗丹猛然听到屋子里有人喊，这才想起他的老朋友，赶紧把门推开，紧跑几步，抓住茨威格的手，非常抱歉地说："啊哟！你看我，简直把你忘了，真对不起，请你不要见怪。"

茨威格听着罗丹真诚的话语，激动地说："没关系，没关系。你使我懂得了应该怎样去做好要做的事。"

7

科学惊雷

    在19世纪之前，由于受封建神学的影响，科学家们认为地球是静止不动的，它位于宇宙的中心，其他一切星星，包括太阳、月亮等，每天东升西落，绕地球运行。这就是所谓的"地球中心说"，又称"地心说"。这一学说统治了整个欧洲长达十几个世纪，而且教会决不允许有人反对它。

16世纪初，一个伟大的学者挺身而出，将那中世纪欧洲的黑暗撕开了一条裂缝。这位伟大的学者就是波兰天文学家哥白尼。

1502 年，居住在波兰一个山区小镇里的哥白尼便开始对"地心说"提出怀疑。他在小塔楼的平台上安装了许多天文观测仪器。经过长期观测和计算，他发现几颗大行星都在按各自的轨道围绕着太阳旋转。从1510年开始，哥白尼大约花了5年时间写了一份手稿，提出了"地动日心说"，认为地球是动的，太阳才是宇宙的中心，地球一边自转，一边同五大行星一起绕着太阳旋转。可是，这部手稿写成之后，迟迟没有出版。

过了好几年，有一天，哥白尼的学生列帝克终于耐不住了："老师，我真不明白，你的'日心说'从产生到现在已经快 30 年了，就是这份《天体运行论》手稿，从写成到今天也有 9 年了，你也快七十高龄了，为什么还不拿去发表？"

"是啊，我快见上帝了。可是你呢，书稿一旦发表，教会是不会放过你的。"哥白尼十分痛苦地说："孩子，我给你讲一件事：在上个世纪，西班牙有一位国王，他感到'地心说'太复杂，只说了一句'上帝创造世界时要是征求我的意见，我可以劝他采取更简单的方式'，结果连性命都丢掉了。"

列帝克听了老师的话，征得老师的同意后，就把书稿拿到德国去出版。一年后，即1543年，《天体运行论》终于出版了。

《天体运行论》因为不符合神学观点，违反了教规，触怒了罗马宗教法庭。他们马上派人去波兰抓哥白尼前来治罪。就在这时，另外几个人也赶往波兰，那就是列帝克等人将新印出的书送给哥白尼。1543年5月24日这一天，当书送到哥白尼的手中时，他已经双目失明了。他双手捧着书说："我总算在临终时推动了地球。"

《天体运行论》的出版是科学史上的一声惊雷它震动了世界，意义相当深远。实践证明，它是一块里程碑，使自然科学从神学的枷锁中解放了出来，标志着世界近代科学的开始。

生字：

zhòu	kuò	wèi	ōu	zhōu	yǔn	liè	guǐ
宙	括	谓	欧	洲	允	裂	轨

zhuàn	dàn	fú	wéi	zuì	jiàn	suǒ
转	旦	符	违	罪	践	锁

词语：

fēngjiàn	bāokuò	suǒwèi	tǒngzhì	yǔnyǔ	wéirào	chūbǎn
封建	包括	所谓	统治	允许	围绕	出版

fúhé	guāndiǎn	wéifǎn	tuīdòng	shíjiàn	jiěfàng
符合	观点	违反	推动	实践	解放

专有名词：

Gēbáiní
哥白尼

1.写一写：

宙				括			
谓				欧			
洲				允			
裂				轨			
转				旦			
符				违			
罪				践			
锁							

2.读一读：

宇宙

包括　概括　括号

所谓　无所谓

欧洲　东欧　西欧　中欧　南欧　北欧

亚洲　非洲　北美洲　南美洲　大洋洲　南极洲
yà

允许

裂缝　裂开　断裂

轨道　铁轨　路轨　单轨　双轨

旋转　自转　公转　转动

一旦　元旦

符合　符号　音符

违反　违背　违法　违章　违约

治罪　定罪　有罪　认罪　罪人　罪名　罪证

实践

铁锁　开锁　暗锁　锁门

3.对话：

明明：亮亮，你说宇宙的中心是什么？

亮亮：这有什么难的！是太阳。

明明：对，可19世纪以前，人们并不这样认为。

亮亮：那人们认为什么是宇宙的中心？

明明：地球。人们认为地球是静止不动的，太阳、月亮都绕着地球旋转。

亮亮：现在看来真好笑。

明明：是的。到16世纪初，哥白尼（ní）对"地心说"提出了怀疑，并花了5年时间写了一份手稿。

亮亮：人们的观念就改变了，对吗？

明明：不，哥白尼（ní）的手稿写成之后，却迟迟没有出版。

亮亮：为什么？

明明：因为哥白尼（ní）的观点不符合神学观

点，违反了教规。

亮亮：太可惜了。

明明：过了好几年，他的一个学生把书稿拿到德国去出版了。

亮亮：太好了。人们看了之后一定会明白真相的。这本书叫什么名字？

明明：《天体运行论》。但书送到哥白尼^{ní}手中时，他已经双目失明了。

亮亮：哥白尼^{ní}真了不起！

明明：对。这本书使人们相信科学了。

亮亮：我们都应相信科学。

明明：宇宙的奥秘还很多呢。老师说，很多东西还没有被发现。

亮亮：我真想当一名宇航员，到太空去探索宇宙的奥秘。

明明：我也这么想。

亮亮：那我们现在就好好准备吧。

明明：怎么准备？

亮亮：努力学习啊！

4.想一想、说一说：

（1）哥白尼提出的"地动日心说"与以前的"地心
说"有什么不同？

（2）《天体运行论》的出版有什么意义？

最后一次演出

　　莫里哀是法国17世纪著名的喜剧作家，一生创作了37部喜剧，像《伪君子》、《吝啬鬼》等，都是大家熟知的。莫里哀不仅写剧本，还常常亲自上台表演，而他最后一次演出，更是永远地留在了观众心里。

mò āi （莫里哀）

wěi jūn （伪君子）　*lìn sè* （吝啬鬼）

mò āi （莫里哀）

1673年2月17日，法国巴黎的皇家大剧院就要上演喜剧大师莫里哀的新作《心病者》了。当莫里哀亲自扮演剧中主角的海报刚一贴出，人们争相购票，渴望能看看莫里哀的精彩表演。可是，在剧院里，莫里哀紧锁眉头，心情异常沉重。前几天他得了重感冒，本来已经严重的肺病更是雪上加霜。他总觉得头昏，四肢无力，似乎预感到自己很快就要与人世告别了。他的妻子和演员们看到他的病情这么严重，都含着泪劝他不要登台了，待身体稍好一点再演也不迟。

　　莫里哀听完妻子和演员的话，沉思了一会儿，把头一扬，毅然地说："剧院五十多个演职员都在等待今天的工钱来维持生活，我们不演出，他们怎么办？外面那么多观众都想在今晚看到我们的新节目，我们能使他们失望吗？只要我还有一口气，我就要参加演出。"

　　大幕慢慢拉开，《心病者》按时开演了。当莫里哀扮演的主角阿尔贡一出场，观众席上响起了雷鸣般的掌声。

　　莫里哀演到大半场的时候，实在顶不住了，背上好像有冷风吹着似的，一阵剧烈的咳嗽逼得他用手扶着椅子，身体立刻弯了下去。观众看到这里，都觉得他演得非常逼真。

大幕刚一落下，莫里哀就昏倒在椅子上。他的妻子和同事们立即把他送回了家。

莫里哀刚从昏迷中醒来，又是一阵连续的咳嗽，鲜血不断地从口里吐出来，吓得周围的人都叫了起来。

莫里哀感到万分难受，口渴得要命，便吃力地伸出右手，有气无力地说："给我……肉汤！"他的妻子马上找人去做。可是肉汤刚刚端来，莫里哀就停止了呼吸。这时离演出结束，只不过短短的四小时。

当那晚观看过莫里哀最后一次演出的观众知道了一代喜剧大师逝世的消息后，都泣不成声。他们在心里默默地祝愿：莫里哀与他的作品永存！

综合练习(二)

1.用下列多音字组词语:

piāo
漂(　　)

piào
漂(　　)

yāo
要(　　)

yào
要(　　)

kōng
空(　　)

kòng
空(　　)

zhuǎn
转(　　)

zhuàn
转(　　)

2.选词语填空:

(1)一旦　一共　一会儿　一下子

参加作文比赛的学生_____有三十八人。

这么贵重的东西,_____丢了谁不心疼呢?

我们学过这个词，只是＿＿＿＿想不起来了。

风＿＿＿＿大，＿＿＿＿小，整整刮了一天。

（2）发表　发出　发现　发明

他＿＿＿＿了电灯。

他的那篇文章已经＿＿＿＿了。

＿＿＿＿的选票都收回来了吗？

我＿＿＿＿他最近变了很多。

3.选出正确的句子，在(　)里打"√"：

他发现几颗大行星都在按各自的轨道围绕着太阳旋转。(　)

他发现几颗大行星都各自的在按轨道旋转着围绕太阳。(　)

几颗大行星他发现都在按各自的轨道围绕着太阳旋转。(　)

在临终时总算我推动了地球。(　)

我在临终时推动了地球总算。(　)

我总算在临终时推动了地球。(　)

鲜艳的五星红旗庄严地升起在雄壮的国歌声中。（　）

鲜艳的五星红旗在雄壮的国歌声中庄严地升起。（　）

鲜艳的五星红旗在庄严的国歌声中雄壮地升起。（　）

4．读课文，判断句子，对的打"√"，错的打"×"：

（1）陈嘉庚(jiā gēng)是著名的爱国华侨，被誉(yù)为"华侨旗帜"。
（　）

（2）陈嘉庚(jiā gēng)出生在新加坡。（　）

（3）马克·吐温著名的是作家的幽默讽刺。（　）

（4）他产生了对航海浓厚的兴趣。（　）

（5）德国科学家哥白尼(ní)提出了"地心说"。（　）

（6）哥白尼(ní)在《天体运行论》中提出了"日心说"。
（　）

5．给下面的一段话加上标点符号：

　　过了好几年　有一天　哥白尼(ní)的学生列帝克终于耐不住了　老师　我真不明白　你的日心说　从产生到现在已经快30年了　就是这份　天体运行论手稿从写成到今天也有9年了　为什么还不拿去发表　老师　你快70岁了　再不发表就会看不到自己的书了

6.选择一个你最喜爱的小物件，比如小玩具、小工艺
品、文具、书等，向老师和同学介绍一下这个物件
的名称、外形、特点、用途，以及你喜爱它的原因
和具体表现，并把你的介绍写在下面：

天安门

在中国，有很多小朋友都会唱《我爱北京天安门》这首歌。

天安门是中华人民共和国的象征。它屹立在北京城的中心、天安门广场的北端，金碧辉煌，雄伟壮观。高大的城楼上悬挂着庄严的国徽，令人肃然起敬。1949年10月1日，毛泽东主席就在天安门城楼上向全世界宣告了中华人民共和国的诞生。

天安门，原本是明清两代皇城的正门。它建于

1417年，明代叫承天门，规模较小。清代又进行了改建，才改名为天安门。那时，每逢皇帝登基或者选定皇后等重大庆典，皇帝就在这里向全国发布命令。文武百官按照官职大小列队肃立在天安门前，场面可大呢。所以，在古代，天安门是至高无上的皇权的象征。

天安门这座古老的雄伟建筑，高达33.7米，底座是用汉白玉砌成的，底座上面是10多米高砖砌的城台。城台上是一座宽阔的大殿，黄色的琉璃瓦顶在阳光下金光闪耀。远看金顶红墙，衬映在绿树蓝天之中，无比秀丽壮观。城楼前的金水河上横跨着5座汉白玉石桥。桥的前面有一对挺拔、精美的华表。每个华表顶上各蹲着一个石兽，样子既可爱又威严。

这建造精美、气势雄伟的天安门是谁设计的呢？明代有个叫蒯祥的人，他出生在江苏吴县（今苏州市）一个木工家庭里。他父亲是当时有名的木工师傅，蒯祥从小跟着父亲学艺，后来终于成为一名技艺精深、远近闻名的木匠。当时明代皇帝朱棣要在北京兴建大规模的宫殿，于是就调集全国的能工巧匠，蒯祥也被推荐召进了宫里。由于他技艺高超，就让他负责皇城宫殿的建筑设计。他和其他几位高明的木匠一起，费尽脑汁，终于把天安门设计出来了。天安门建成后，人们无不赞叹。

雄伟壮丽的天安门是中国古代建筑的典范。现在，这座已有500多年历史的古老建筑，经过精心维护和多次整修，更是面貌一新，金碧辉煌。天安门作为伟大中国的象征，多么引人自豪！

生字：煌 泽 权 砖 殿 瓦 耀
威 吴 傅 调 荐 汁 范

词语：高大 规模 正式 重大 命令 师傅

专有名词：毛泽东 江苏

1.写一写：

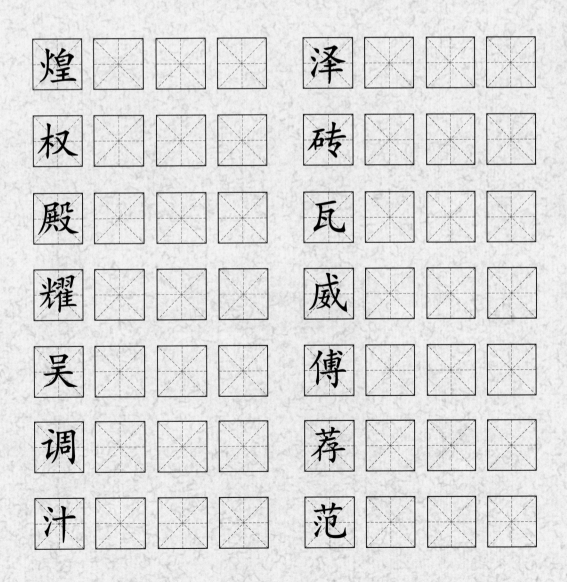

煌				泽			
权				砖			
殿				瓦			
耀				威			
吴				傅			
调				荐			
汁				范			

2.读一读：

辉煌　灯火辉煌　金碧辉煌

毛泽东

皇权　主权　人权　产权　强权　特权　权力

砖头　泥砖　石砖　砖瓦

大殿　宫殿　宝殿　殿堂

红瓦　绿瓦　瓦房

闪耀　照耀　夸耀　耀眼

威严　威武　威力　威信　威风　权威　示威　助威

吴县

师傅

调集　调动　调换　调派　调离　调查　调令

推荐　举荐

脑汁　果汁

典范　模范　示范　规范　范例　范文

3．对话：

爸爸：云云，你知道北京的天安门吗？

云云：知道，我在电视里经常看到。

爸爸：天安门是中国的象征，它屹立在北京城的中心、天安门广场的北端。

云云：它看上去很雄伟。

爸爸：对！那你知道天安门是什么时候建的吗？

云云：哎呀，这下我可答不上来了。

爸爸：它建于明代永乐年间，大约是1417年。

云云：当时的规模就有现在这么大吗？

爸爸：没有，当时叫承天门，规模比较小。清朝顺治年间，大概是1651年吧，又进行了改建，才改名为天安门。

云云：那当时的天安门是用来作什么的呢？

爸爸：当时每逢皇帝登基或选定皇后等重大庆典，文武百官列队站在天安门前，皇帝就站在天安门上向全国发布命令。

云云：场面可真大呀！

爸爸：在古代，天安门是至高无上的皇权的象征。

云云：天安门是谁设计的呢？

爸爸：明代有一位著名的工匠，叫蒯祥，是他和几位高明的木匠师傅一起设计出来的。

云云：他们可真了不起！

爸爸：这座已有500多年历史的古老建筑，后来又经过多次整修，显得更加金碧辉煌了。

云云：真想去亲眼看看。

爸爸：今年暑假带你去，怎么样？

云云：太好了！

4．想一想、说一说：

（1）为什么说天安门是中华人民共和国的象征？
（2）天安门是谁设计的？是怎样设计出来的？

布达拉宫

　　中国的拉萨是一座独特的高原城市，城中的布达拉宫，犹如一座美丽的水晶宫，屹立在青藏高原上。它从东到西长360米，从底到顶高110多米。它拔地而起，直插云天的气势和强烈的色彩令人惊叹。整个宫殿由白宫和高耸在白宫上的红宫组成。在蓝色的天幕下，白宫像漂浮着的白云把红宫托起，加上那闪闪发光的金顶，真像人间仙境。

　　这颗明珠诞生于1300多年前的唐代。它是藏汉和亲的一座纪念碑，是松赞干布为了迎接文成公主进藏而建造的，后经多次修建。现存的观音堂内，还有松赞干布和文成公主的塑像。

唐朝是中国历史上有名的盛世，由于社会安定，经济繁荣，各边境少数民族都愿意与汉族和亲结好。藏族的先民为吐蕃(fān)人。年轻的松赞干布是当时吐蕃(fān)人的杰出领袖。他看到中原如此繁荣发达，就恨不得在一夜之间改变西藏的落后面貌，因此他想到了和亲。于是，他果断地派人带着丰厚的礼品到长安（今西安）向唐朝皇帝求亲来了。

唐太宗对能说会道、仪表堂堂的吐蕃(fān)来使印象不错，于是答应尽快在唐朝公主中挑选才貌双全的女子嫁(jià)给松赞干布为妻。然而，太宗没想到的是，后宫中居然没有人自愿去吐蕃(fān)当王后，只有一个女子与众不同，别看她不言不语，心中自有主张，她，就是文成公主。

文成公主想："唐朝虽然强盛，皇上要操心的事却不少，不要再让皇上为了和亲的事操心了。况且从平日所读的书中了解到，吐蕃(fān)地域辽阔，风景优(yù)美，人民淳(chún)朴，只是落后了一些。"经再三考虑，文成公主下决心为皇上分忧，远嫁西藏。

　　太宗知道后大喜过望，正式召见了文成公主，为她举行了一个十分隆重的送行仪式，并派人经青海护送她入藏。

　　松赞干布早已在青海迎候。文成公主看到自己未来的丈夫如此英俊有为，悬在心里的石头终于落了地。一路上，藏民们载歌载舞，备上了最好的马匹和食物，文成公主十分感动。到了拉萨，文成公主一眼就看见了布达拉宫——一座金碧辉煌的宫殿，这是松赞干布特意为她修建的新王宫。就在这新王宫里，他们举行了隆重的婚礼。人们纷纷赶来观看婚礼的盛况，争相赞美王后的美丽和才艺。

　　文成公主的到来，促进了藏汉经济文化的交流发展，西藏的面貌大为改观，藏汉和亲名留青史。它的"见证"布达拉宫，历经千载，仍巍然屹立在青藏高原上。

美丽的大草原

　　我们乘飞机来到中国内蒙古自治区的区府——
呼和浩特，又换乘小飞机，低空飞行了一个多小时，
才到达目的地——锡林郭勒大草原。

　　草原上的机场很简单，只有一幢不高的楼房和
一块不大的停机坪。草原上的机场是没有跑道的，
飞机起飞和降落都在草原上滑行。

　　以前，在草原上行车也无所谓"路"，就像在
一个大而无边的广场上，任你纵横奔驰。不过，中

国改革开放以来，草原上修建的公路网四通八达，宽阔平坦的柏(bǎi)油马路漂亮极了，我们的车常常是保持九十公里的时速在公路上飞驰(chí)。

正如我所想象的那样，草原美极了。在草原上跑车，就像在大海上行船一样，四周永远是天边，永远走不到尽头。一路驶去，公路两旁一望无际的大草原像铺上了一层厚厚的绿地毯(tǎn)。竞相开放的鲜花五颜六色，十分美丽。偶尔出现一个小湖，湖水蓝蓝的，就像溶(róng)进了一块天空。那天空又像这蓝蓝的湖水，纯白的云朵漂浮在上面，就像草原上的羊群，温柔(róu)可爱。当微风吹动，马群、牛群、羊群跟着那游动的云影奔跑起来，这草原之画便充满了生命的活力。

草原是一幅美丽的风景画，这画最吸引人的当然是人了。在人烟稀少的大草原上行驶了大半天后，一顶蒙古包终于出现了，我们不禁激动起来，一路上的疲(pí)劳顿时一扫而光。蒙古包的男主人是个十分热爱草原的人，他叫巴特。"巴特"是英雄的意思。我们没聊几句，就好像老朋友一样已经非常熟悉(xī)了。他告诉我们，他的婚姻(yīn)十分美满，婚后生了两个孩子，他们都已经上学了。我们称呼他的妻子叫"大嫂"，她是个典型的贤妻良母。他们很爱自己的孩子，两个大人担起了全家生活的重担，让孩子们去追求更美好的前程。他们承包了草场，放牧牛羊，生活挺富裕的。他原本是城里人，到草原二十多年了，眼看草原越来越美，日子又越过越好，舍不得离开，就留在了草原上。

　　一个无名诗人从草原上归来，写下了这样的诗句："不要告诉我草原有多美，抬头一看，新诗一行。"真的，面对"天苍苍，野茫茫，风吹草低见牛羊"的大草原，我感到如诗如梦，久久不愿离去。

生字：

zòng	chí	bǎi	tǎn	róng	róu	pí
纵	驰	柏	毯	溶	柔	疲

xī	yīn	sǎo	xián	dàn	yù	máng
悉	姻	嫂	贤	担	裕	茫

词语：草原（cǎo yuán）　保持（bǎo chí）　疲劳（pí láo）　熟悉（shú xī）　婚姻（hūn yīn）

专有名词：内蒙古（Nèi měng gǔ）　呼和浩特（Hū hé hào tè）

1 .写一写：

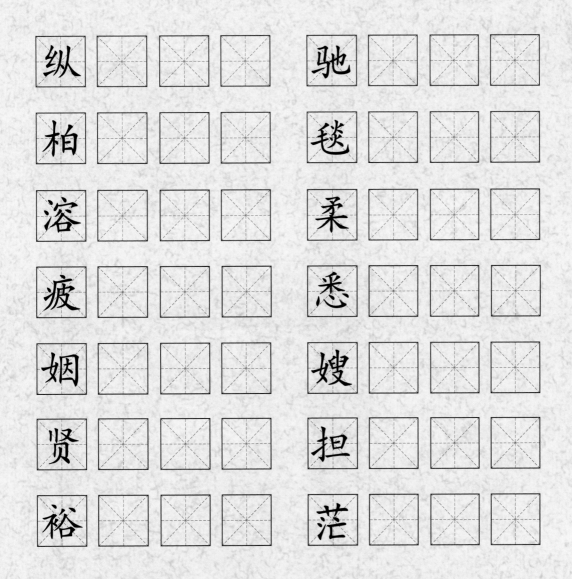

纵　　　　　　驰

柏　　　　　　毯

溶　　　　　　柔

疲　　　　　　悉

姻　　　　　　嫂

贤　　　　　　担

裕　　　　　　茫

2.读一读：

纵横

飞驰　奔驰

柏树　松柏　柏油

地毯　毛毯　挂毯　毯子

溶化　溶解

温柔　柔和　柔软

疲劳　疲倦

熟悉

婚姻

大嫂　嫂嫂　嫂子

贤妻良母

重担　担子

富裕　充裕

茫茫　苍茫　白茫茫　茫然

3.对话：

妈妈："蓝蓝的天上白云飘，白云下面马儿跑……"

方方：妈妈，你唱的这首歌真好听，是什么歌？

妈妈：这是一首写草原的歌，它唱出了人们对草原的热爱。

方方：妈妈，你去过草原吗？

妈妈：去过，我还在内蒙古大草原住过呢。

方方：快给我讲讲大草原吧！

妈妈：你怎么也想不到，在草原上跑车，就像在大海上行船一样，好像永远也到不了尽头。

方方：真是美极了！

妈妈：那儿鲜花开放，十分美丽。蓝蓝的湖水，蓝蓝的天空，非常吸引人。

方方：我知道，草原上有马群，牛群，羊群，对吗？

妈妈：对。微风吹动，马群、牛群、羊群就跟着那游动的云影奔跑起来了。

方方：我看过一部电影，是介绍内蒙古的，那儿的人住在蒙古包里。

妈妈：不错。妈妈以前也在蒙古包里住过，特别有
意思。

方方：妈妈，你去大草原，骑过马吗？

妈妈：当然骑过。骑着马奔驰在大草原上，蓝天白
云，周围还有羊群，就像进入了一个梦幻般
的神话世界。

方方：多好啊！我也想去那儿骑骑马。

妈妈：有机会的。不过……

方方：不过什么？

妈妈：你想骑马？从马背上摔下来的时候可别哭鼻
子啊！

方方：看你说的，妈妈能做到的我也一定能做到。

4.想一想、说一说：

（1）为什么说大草原美极了？

（2）巴特为什么舍不得离开美丽的大草原？

沙漠中最大的游乐场
mò

在离科威特首都25公里的杜哈区，有一个现代化的游乐场。游乐场建在一望无际的沙漠中，真是世界一大奇观。一提起沙漠，人们往往想到的是一片荒凉。然而在游乐场却到处都是绿色，充满了生机。

这座游乐场共有12个入口处。从"阿拉伯世界区"进入游乐城后，阿拉伯风情到处可见。城中间是微型的人工湖，湖水清清，波光闪闪，湖面上漂浮着一只科威特古老渔船的模型，鱼儿在水中游动。沿湖四周，售贷亭林立，大多出售各种风味小吃，也有金银首饰、黑袍和面纱等。

在"辛伯达航海"游乐场，有一艘按照古代阿拉伯航海家辛伯达航海时使用过的帆船仿制的游艇。你可以乘上游艇，沿着辛伯达当年的航海线路游览观光。

更有吸引力的是阿拉伯火车。精巧别致的月台和候车室全是圆顶式的建筑，墙壁上装饰着传统的阿拉伯图案，还有一种称为"骆驼轿车"的交通工具。你可以骑着骆驼去动物园。动物园里养着象、羚羊、梅花鹿等动物。这些动物很温顺，常常会主动向游客讨吃的，十分调皮可爱。

"国际世界区"集中了世界各地的美丽风光。这里有18、19世纪美国西部小城的建筑，有仿建的埃菲尔铁塔和比萨斜塔，有荷兰风车和阿尔布山的瓦罐，有伊拉克巴格达的清真寺和希腊的寺庙，可以说世界著名的景点都集中在这里。

"未来世界区"最引人入胜。走进大门就看到各种激光电子操纵的玩具，以及当代最先进的交通工具和通信设备，令人眼花缭乱。登上110米高的旋转瞭望塔，整个游乐场一览无余。乘坐"宇宙飞船"和"登月火箭"，你会被带进"太空世界"，送往"月球"，感受到征服宇宙的无穷乐趣。

　　游乐场既展示了世界各地的名胜古迹，又展示了当今世界最新的科技成果，因此它不仅是游乐园，还是一个知识的乐园。

伏尔加河

　　伏尔加河是欧洲最长的河流，全长3690公里，流入里海，流域面积138万平方公里。它是世界上最长、流域面积最广的内陆河。伏尔加河那宽广平缓的水流，仿佛温柔宽容的母亲，抚慰着俄罗斯的苍茫大地，养育着千百万人民，创造出无数繁荣昌盛的城市。它是俄罗斯的经济大动脉，更是俄罗斯人精神上的"大地之母"。

　　为了对伏尔加河有更深的了解，我们唱着《伏尔加河船歌》作一次大河之旅，去游览两岸的森林草原和新城旧镇，去体会诗人、作曲家对大河的赞美。

我们乘车来到伏尔加河的发源地——瓦尔代高地。这里立着一块木牌，上面写着"俄国最伟大的伏尔加河之源头"。从这里向下游走去，到特维尔市，河宽已达300米以上。我们在这里乘船顺流而下，河面越来越宽。

船来到古都雅罗斯拉夫尔，河岸上有许多中世纪风格的建筑，白墙金顶，映着蓝蓝的河水，显出一派古典美。

河水向东南流，来到下诺夫哥罗德，岸边高楼、工厂林立。这里已成为俄罗斯第三大城市和汽车制造中心。山坡上的旧市区，中古俄罗斯样式的建筑散落在林木之间，显得十分宁静。

船再向下行，来到鞑靼人聚居的喀山，看到旧城围墙耸立，红色塔楼直指云天；还看到河畔那些头戴披纱的鞑靼少女，身穿绣花白裙，边歌边舞，跳跃旋转，一派豪迈风格。

船继续下行，沿岸城市一个接着一个。主干航

道上货轮和客船南来北往，十分繁忙。伏尔加河的
货运和客运量占全国一半。

水流缓缓而下，我们看见伏尔加格勒著名的女
神铜像，远远地耸立在丘陵之上，高达52米。女神
高举长剑，回头招手，仿佛在召唤身后的战士前进。

滚滚河水经阿斯特拉罕流入里海，周围是沙漠
和半沙漠，但古城风貌依旧。河口是闻名世界的鱼
子酱产地。这里加工生产的鱼子酱味道特别鲜美。

啊！美丽的伏尔加河，一条伟大的"母亲河"！

生字：

域 抚 昌 脉 聚 耸 畔

纱 绣 丘 陵 剑 漠 酱

词语：游览　体会　风格　古典　沙漠　加工　生产

专有名词：伏尔加河　俄罗斯

1．写一写：

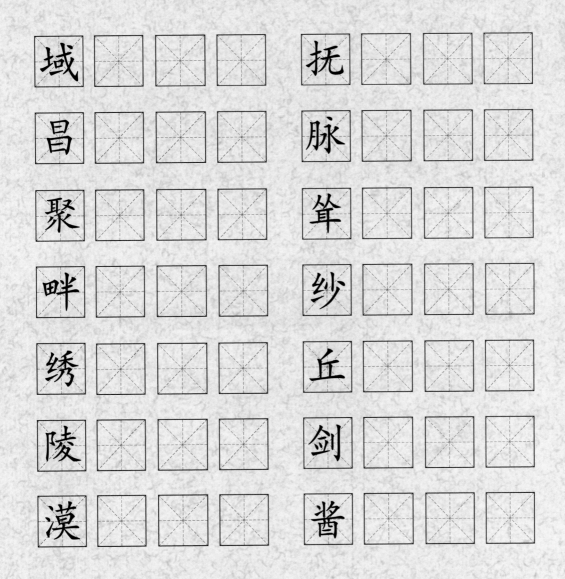

域				抚			
昌				脉			
聚				耸			
畔				纱			
绣				丘			
陵				剑			
漠				酱			

2.读一读：

流域　地域　区域　领域

抚慰　抚摸　抚养　抚育　安抚

昌盛

动脉　静脉　山脉　脉搏

聚居　聚会　聚餐　团聚　欢聚

耸立　耸起　高耸

河畔　江畔　桥畔　湖畔

披纱　头纱　面纱　纱巾　纱窗

绣花　绣字　绣像　刺绣

丘陵　土丘　沙丘

山陵　陵园

长剑　短剑　刀剑　宝剑　舞剑　刻舟求剑

沙漠　大漠

鱼子酱　花生酱　酱油　甜酱　酱菜

3 . 对话 ：

爸爸：亮亮，你听说过伏尔加河吗？
　　　　　　　　　　　fú

亮亮：听说过，它是欧洲最长的河流，对吗？

爸爸：对。它还是世界最长、流域面积最广的内
陆河。

亮亮：那它的发源地在哪儿？

爸爸：在瓦尔代高地。岸边还树立着一块木牌呢！

亮亮：木牌上写着什么？

爸爸：写着"俄国最伟大的伏尔加河之源头"。
　　　　　　　　　　　　　fú

亮亮：伏尔加河就是从这里发源的，是吗？

爸爸：是的，细细的河水流到特维尔市，河面已经有300多米宽了。

亮亮：河面越来越宽，那河水呢？

爸爸：蓝蓝的河水平缓地向东南流，好像是一位温柔的母亲在抚慰着大地。

亮亮：伏尔加河流经不少城市吧？

爸爸：对。在伏尔加格勒，还有一座女神铜像耸立在丘陵上。

亮亮：她是什么样子的？

爸爸：她高举长剑，回头招手。

亮亮：是在召唤后面的人前进吗？

爸爸：对！伏尔加河是俄罗斯经济上的大动脉，又是俄罗斯人精神上的"大地之母"。

亮亮：难怪人们要称伏尔加河为"母亲河"呢。

4.想一想、说一说：

（1）伏尔加河是一条什么样的河？

（2）为什么说伏尔加河是一条"母亲河"？

埃及的母亲河

　　世界上最长的河流——尼罗河，像一条巨龙在非洲大陆上奔腾。它波浪翻滚，穿过原始森林、热带草原、崇山峻岭和茫茫沙漠，最后流入地中海。尼罗河全长6670公里，流经9个国家，流域面积约300万平方公里，占非洲大陆总面积的10%，但大部分地区在埃及和苏丹境内。

　　尼罗河从南到北，纵贯埃及全境，在埃及首都开罗以北形成面积2.5万平方公里的巨大三角洲平原。在三角洲平原上，地势平坦，河流纵横。埃及90%以上的人口聚集在三角洲，埃及的城市、村落、历史古迹绝大部分都分布在这一带。这里是古代埃及文明的摇篮，也是现代埃及政治、经济和文化的中心。

世世代代生活在尼罗河两岸的埃及人民，视尼罗河为圣河，每当尼罗河涨潮时，都要举行形式多样、内容丰富的庆祝活动，从古到今，年年如此，这就是著名的尼罗河涨潮节。埃及人从古代起就已经掌握了尼罗河定期涨潮的规律。尼罗河涨潮不但不会淹没两岸的村庄，而且使两岸的田野变得越来越肥沃，所以这里农业非常发达。

千百年来，埃及人民年年盼望尼罗河涨潮。涨水的头几天，人们要排着长长的队伍，敲锣打鼓，载歌载舞，抬着尼罗河之神"哈伯"的木雕像来到河边，举行大典。在河水高涨的晚上，人们还要高举火把，在尼罗河上划船庆祝。人们尽情地划呀，唱呀，怀着无比喜悦的心情，感谢尼罗河给予他们的恩典。

关于尼罗河的涨潮，还流传着许多神话。传说尼罗河涨潮是因为女神伊兹斯的丈夫遇难身亡，伊兹斯悲痛欲绝，顿时泪如雨下，泪水落入了尼罗河中，使河水上涨。所以，每年6月17日或18日，当尼罗河水开始变绿，预示河水即将涨潮时，埃及人还举行一次欢庆，称为"落泪夜"。

世界第一塔

　　来到多伦多，舅舅和阿姨就说要带我去登世界第一塔——国家电视塔。我早就听说过多伦多的世界第一塔，可不知它究竟有多高，能看多远。

　　国家电视塔耸立在安大略湖畔的西弗伦特街，地处市中心，这里交通方便，商业繁华。在电视塔门口，我们买了参观票，售(shòu)票员说，其中还包含(hán)了旋转餐厅用餐的费用。

步入电视塔的高速电梯，不到一分钟就把我们送到距(jù)地面447米的太空平台。就在这短短的不到一分钟的时间里，导游小姐给我们作了简要介绍：多伦(lún)多电视塔高553米，比巴黎埃(āi)菲(fēi)尔铁塔高232米，比纽(niǔ)约的世界贸(mào)易中心大楼高141米，比莫(mò)斯(sī)科电视塔高16米，比中国上海的东方明珠电视塔高85米。电视塔1973年破土动工，历时3年，1976年落成对外开放，至今仍是世界最高、造型最好的世界第一塔。全塔由基座、高空楼阁(gé)、太空平台和天线塔组成。

我们来到了太空平台，顶端的电视发射天线刺向蓝天。据介绍，这天线高102米，由42节钢架叠置而成。据说安装钢架的时候，还用了直升飞机呢！

登上圆形的观察平台，极目远望，天高云淡，能见度极好。在平台的东南面，我朝着舅舅(jiù jiù)指引的方向看去，远在几十公里之外的尼亚(ní yà)加拉大瀑(pù)布喷薄而下的壮观气势清晰(xī)可见，甚至大瀑(pù)布以南的美国边境城市水牛城的建筑群也依稀可见。

接着，我们乘电梯来到距地面335米高的空中楼阁，这是个可容425人同时就餐的旋转餐厅，它每隔65分钟旋转一周。

　　我们选择了一处靠窗的座位，阿姨让我透过宽大明亮的玻璃窗往下看。顿时，我愣住了，只见伊顿超级百货商场的巨型建筑和80多层高的白色贸易大厦，以及两座半圆形塔楼围抱的圆顶市政厅，都像堆成的积木一般；行驶在街上的车辆，就像一只只小小的甲虫在爬行；水上公园中造型别致的环形电影院，则成了一只小小的皮球；宽阔的安大略湖，也一下子缩小了几十倍，让人看得清清楚楚。舅舅还告诉我，晚上在这里看夜景，看到的又是另一种景象：地下万盏灯火闪烁，与天上的星星连成一片，向远处看，你根本分不清哪是星星哪是灯。

　　从空中回到地下，走出电视塔，我回首仰望，不禁由衷地赞叹：多伦多电视塔不愧为世界第一塔，不愧为世界建筑史上不朽的杰作！

生字：

jiù	ā	shòu	hán	jù	mào	gé
舅	阿	售	含	距	贸	阁

pù	xī	lèng	suō	zhǎn	shuò	xiǔ
瀑	晰	愣	缩	盏	烁	朽

白　舅

词语：

阿姨　商业　包含　费用　贸易
ā yí　shāngyè　bāohán　fèi yòng　mào yì

组成　清晰　行驶　缩小　闪烁
zǔchéng　qīngxī　xíngshǐ　suōxiǎo　shǎnshuò

专有名词：多伦多　莫斯科
Duō lún duō　Mò sī kē

116

kè táng liàn xí
课堂练习

1.写一写：

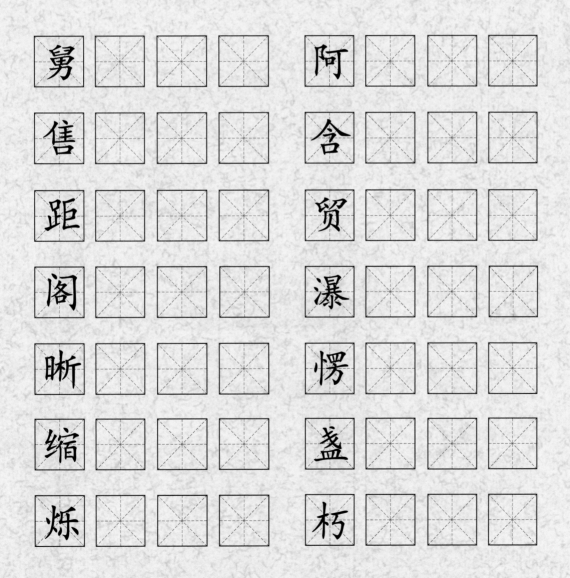

舅				阿			
售				舍			
距				贸			
阁				瀑			
晰				愣			
缩				盏			
烁				朽			

2.读一读：

舅舅　小舅　大舅　舅妈

阿姨　阿婆

售票员　售货员　出售　零售

包含　含义　含有

贸易　商贸　外贸

楼阁　阁楼

瀑布

清晰　明晰

愣住　愣小子

缩小　缩水　缩写　缩影　浓缩　收缩

一盏灯

闪烁

不朽　朽木　腐朽

3.对话：

云云：阿姨，我们今天去哪儿参观？

阿姨：你是第一次来多伦多，今天我和舅舅带你去
　　　国家电视塔吧。

云云：电视塔？

阿姨：它是世界第一
　　　塔，可高啦！

云云：它有多高？

阿姨：553米。

云云：我去过上海东
　　　方明珠电视塔，
　　　它是中国第一
　　　高塔。

阿姨：多伦多电视塔
　　　比东方明珠电视塔高85米呢。

云云：真高。阿姨，站在塔上可以看到很远的地方
　　　吧？

阿姨：是的，站在观察平台上，你可以见到几十公
　　　里之外的尼亚加拉大瀑布，甚至还可以清晰

地看到美国的边境城市水牛城呢。

云云：是吗？我一定要去看看。

阿姨：从观察平台上下来，还可以去"空中楼阁"。

云云：空中楼阁是什么？

阿姨：是空中的旋转餐厅，可容400多人同时就餐。

云云：在那儿看地面的汽车、楼房肯定很特别。上次在上海，我站在东方明珠电视塔上往下看，那些高楼大厦就像堆成的积木，车辆就像一只只爬行着的小甲虫，可有意思了。

阿姨：你今天去多伦多国家电视塔，也会有这种感觉的。

云云：阿姨，我们什么时候出发？

阿姨：看你急的，还没吃早饭呢。

云云：别吃了，我们到那儿早饭午饭一起吃吧！

4.想一想、说一说：

（1）简要介绍多伦多电视塔。

（2）在旋转餐厅里往下看，可以看到什么？

埃菲尔铁塔
āi fēi

　　到了巴黎，我最大的愿望莫过于登上埃菲尔铁塔，因为它是现代巴黎的象征，又可饱览"万城之冠"的巴黎风光。

　　从远处看，埃菲尔铁塔四脚立地，拔地而起，顶端有一个旋转的灯标，直插云端，显得十分雄伟。

　　我们乘车来到塞纳河南岸的马尔斯广场，排队买到登塔门票。在塔下，我们来到铁塔的设计者、杰出的工程师斯塔夫·埃菲尔半身铜像前，向他致敬。因为他是这座宏伟壮丽的现代化建筑的勇敢建造者。

据导游介绍，埃菲尔铁塔高 320.70 米，除了顶端塔楼外，全塔分为三层，每层都有四周带高栏的大平台。平台高度分别为57米、115 米和276米。铁塔于1887 年动工，经过26个月艰苦施工，于1889年 3 月建成。埃菲尔铁塔落成时，塔上升起了三色旗，以庆祝这一伟大创举。美国科学家爱迪生称赞埃菲尔为宏伟建筑的勇敢建造者；画家毕加索为埃菲尔铁塔画出最壮丽的图画；音乐家阿波利内尔为铁塔谱写颂歌——桥梁之父。

我们乘电梯登上第二层平台，那里有个餐厅，还有一个招待大厅和一个视听陈列馆。从第二层平台到塔顶平台，我们乘坐一部玻璃观光电梯。当电梯上升时，可透过电梯玻璃欣赏巴黎的迷人景色。三层平台设有旋转式餐厅和游乐场。

最高的一层是全封闭的，设有休息室、瞭望台。在这里，天气晴朗，可清楚地看到几十公里以外的

景物。我发现巴黎一如"花都"之名，美丽的塞纳^{sài nà}
河两岸，绿草如茵^{yīn}，鲜花盛开，古树参天，建筑别
致，显示了巴黎的华丽气质和特有的魅^{mèi}力。这里设
有一个专为游客服务的特别邮政局，旅游者可以从
这里向世界各地发信，邮戳^{chuō}专门刻有铁塔图案，以
资纪念。

　　1989年，在埃菲^{āi fēi}尔铁塔建成100周年时，它经
过全面整修，恢复了当年雄姿，并从塔基到塔顶安
装了五颜六色的彩灯。夜幕下的铁塔显得更加辉煌，
更加壮观。

综合练习(三)

1. 选出没有错别字的一组词语，在( )里打"√"：

(1) 肃然起敬　致高无上　贤妻良母　风貌依旧　( )

(2) 清晰可见　造形别致　金碧辉煌　宽阔平坦　( )

(3) 一扫而光　繁荣冒盛　金光闪耀　技艺高超　( )

(4) 一望无际　费劲脑汁　雄伟壮丽　四通八达　( )

2. 用下面的多音字组词语：

dān
担( )

dàn
担( )

xīng
兴( )

xìng
兴( )

háng
行( )

xíng
行( )

biàn
便( )

pián
便( )

7.阅读短文，回答问题：

一天，陈老师给同学们讲了一个故事。

1978年1月，75位诺贝尔奖金获得者在巴黎集会，有人问一位诺贝尔奖金获得者："您在哪所大学、哪个实验室学到了您认为最重要的东西呢？"出乎人们意料，这位白发苍苍的学者回答说："是在幼儿园。"

"在幼儿园学到了什么呢？"这位学者答道："把自己的东西分一半给小伙伴，不是自己的东西不要拿，东西要放整齐，做错了事情要表示歉意，要仔细地观察大自然。"他的回答，代表了全体到会科学家的普遍看法。

陈老师说，这位科学家讲的是幼儿园老师对他进行的道德行为的教育和训练，然而对他的一生，特别是对他后来成为科学家却起了巨大作用。这说明，从小养成良好的习惯，的确会使人终身受益。就读书来说，更是如此，也必须从小养成良好的阅读习惯。

那么，有哪些良好的阅读习惯需要我们从小养成呢？那就是要认真读书，认真思考，边读边想，养成使用工具书的习惯；要学会提出问题，分析问题，解决问题，养成勤动脑的习惯；对书中的优美词句、精彩的段落加以摘录，养成写读书笔记的习惯……只要我们养成这些好习惯，长期坚持，就可以提高阅读水平。

（1）那位白发苍苍的学者认为在哪儿学到了最重要的东西？

_____

（2）那位白发苍苍的学者在幼儿园学到了什么？

_____

（3）这位学者的回答说明了什么？

_____

（4）我们应养成哪些良好的阅读习惯？

_____

（5）用下列词语造句：

仔细 _____

特别 _____

习惯 _____

日记二则

一次难忘的演出

11 月 25 日 星期六 阴转晴

今天，老师让我代表三班参加学校举行的中文歌曲独唱比赛。我的心激动得像大海一样不能平静，只担心唱不好，不能为全班争光。由于过分紧张，我的心"冬冬"地直跳。

该我上台了，我好像腾^{téng}云驾雾似的，两腿轻飘飘，不知是怎么走上舞台的。我给观众敬了个礼，台下顿时响起了热烈的掌声；我又向伴奏的老师点了点头，于是从钢琴里流出了优美的音乐。真是万事俱备，只欠我这"东风"了。可没想到，我一开口就跑了调，跟伴奏的音乐怎么也合不到一起。这么好的机会，却让我给白白丢掉了，我急得眼泪像断了线的珍珠。我真是给三班的同学丢尽了脸。

走下舞台，我的脸吊得比平时更长了。听着其他同学优美的演唱，我虽然坐在最后一排，但是仍然觉得没脸见人，头低得几乎要挨在地上。

回到教室里，同学们朝我蜂拥而来，有的怨我"不争气"，有的责备我"不中用"，有的讽刺我"本事不大"。这时，老师来了，我的心情更加紧张了，心想老师肯定会狠狠地批评我一顿。可我万万没想到，老师却抚摸着我的头，笑着对我说："这次没唱好没关系，因为你没有受过锻炼，下次就会唱好的。"听到老师没有一点儿责备的话，我心里更觉得难受，眼泪竟"刷刷"地流了下来。

迷人的星空

8月7日　星期日　晴

晚饭后，我坐在院子里，仰头观看满天繁星。晴朗的夜空，星光闪烁。我被这迷人的星空陶醉了。

深蓝色的天空，星光灿烂，真像一个巨大的棋盘里布满了棋子。它们像一群调皮的孩子，不时地向我挤眼睛。

乍一看，星星显得很乱，但仔细一看，你就会发现，它们在天空各有各的位置，组成了各种各样有趣的图案。你看北边天空的那个猎户星座多像一个猎人，手举棒子，弯腿弓腰，上身前倾，领着凶猛的猎狗在与金牛打架呢。你再看东边那几颗星星组成的眉清目秀的姑娘，手拿麦穗，好像正在享受丰收的喜悦呢！还有许多星座，它们有的像把勺子，有的像匹马，有的像只狼……它们把天空装点得格外美丽。

　　望着美丽的星空，我想起了奶奶说过的话："地上有多少人，天上就有多少星星。每个人都有自己的星。心地善良的人星亮，心眼儿坏的人星暗。"我不晓得人心的好坏和星星的暗与亮有没有关系，如果有关系，我一定要做一个心地善良的好人，让我那颗星星永远闪闪发亮，把光辉无私地献给人间。

生字：腾 奏 俱 欠 吊 蜂 拥
　　　讽 棋 弓 倾 凶 麦 匹

麦——麦

词语：责备 讽刺 批评 难受 位置
　　　享受 丰收 晓得

133

1.写一写：

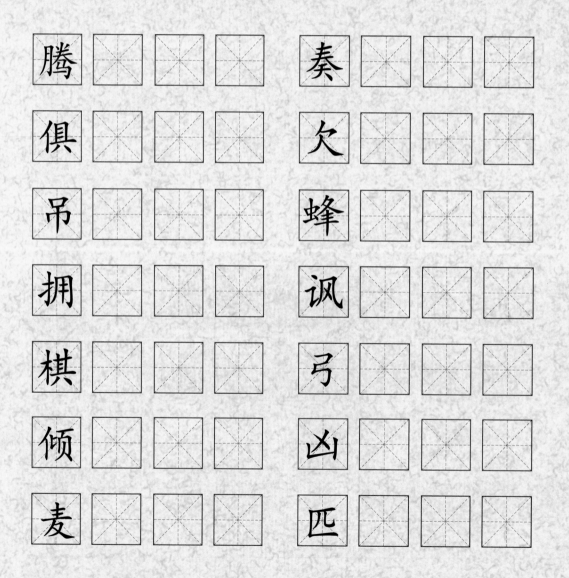

腾				奏			
俱				欠			
吊				蜂			
拥				讽			
棋				弓			
倾				凶			
麦				匹			

2.读一读：

腾云驾雾　扑腾　欢腾　闹腾　龙腾虎跃

伴奏　演奏　弹奏　奏乐　奏鸣曲

万事俱备　面面俱到　俱乐部

欠缺　欠钱　欠帐　拖欠

吊着　吊带　吊桶

蜂拥　蜜蜂　一窝蜂

拥有　拥抱　拥挤　一拥而上

讽刺　讥讽　嘲讽　冷嘲热讽

棋盘　棋子　象棋　军棋　下棋

弓腰　弓身　弓背　弓箭

前倾　倾向　倾倒

凶猛　凶恶　凶狠　凶险　凶暴　凶狂　凶手　凶相

麦子　小麦　大麦　麦苗　麦地

一匹马　马匹　单枪匹马

3.对话：

老师：同学们好！昨天我们班的中文歌曲演唱会开
　　　得很成功。大家说，谁唱得
　　　最好？

众同学：云云！云云！

老师：对！云云唱得最好。我们
　　　向她表示祝贺！
　　　（全班一片掌声）

云云：谢谢！谢谢大家！

老师：那么，我们推荐
　　　谁代表我们班去
　　　参加学校举行的
　　　中文歌曲演唱比赛呢？

众同学：云云！当然是云云！

云云：哎呀，不行，不行！到时候一紧张我就什么
　　　都不会唱了。

方方：不会的，你昨天唱得那么好！

亮亮：对，你一定能唱好的！

大卫：到时我们全班都会为你加油的！

老师：好，就这么决定了。今天下午的中文歌曲演
　　　唱会就由云云代表我们班参加。

云云：老师，我担心唱不好，不能为全班争光。

老师：不会的，只要你正常发挥，一定能唱好的。
　　　万一没唱好也没关系，毕竟你是第一次在学
　　　校的大舞台上演唱嘛。

大卫：云云，大胆点儿，我们支持你！

云云：好，那我就试试吧！

方方：太好了，你一定能成功！

老师：我们一起为云云加油！

众同学：（齐声地）云云，加油！云云，加油！

4.想一想、说一说：

(1)回到教室后，老师和同学对"我"怎么样？

(2)天空的星星都有哪些"有趣的图案"？

第一次上讲台

12月18日　星期六　小雪

　　读了几年书，我可从来没有上讲台发过言。平时连作文草稿都不敢让别人看一眼，今天却要上台自己读作文，这可是破天荒第一回，叫我如何是好呢？

　　上课铃响了。我的心跳开始加快，尽管昨晚在家里就试着将作文读了三遍，但这时还是心慌得很。

　　老师讲了一些克服害怕心理的方法后说："相信你们个个都是英雄，上台读作文现在开始！"一个、两个、三个……

　　天啊！下一个就该是我了，此时的我，心里像

打鼓一样。我不断地在心里祈祷着：“快下课吧！快下课吧！我的老同学，你可不要下来，一直读下去……”

不解我意的同学退下讲台，钟也没响，多么漫长的 40 分钟呀！老师温和地看着我，似乎在鼓励我：“上吧，勇敢些！”我没有动。

“陈海丽，为女同学争光！”女同学在为我打气。我也想站起来，可就是站不起来。

“狗熊、狗熊……”男同学一片叫喊。

不知是勇气，还是赌气，这时，我一下子站起来，冲到讲台上。顿时，教室里鸦雀无声，是我的“气”征服了他们，还是他们在等待着我出洋相呢？

按老师所讲的方法，我双手紧握了一下拳头，便站在讲台上“读”起来。

这时的我，只觉得脸上火辣辣的，真想没读完就冲下去。刚要转身，正好碰上老师那温和而充满鼓励的目光。

不知为什么，读着，读着，我的声音越来越大，腰也直起来了。这时，我又多么希望作文能变长些，再长些……

月食观察记

10 月 12 日　星期三　晴

　　下午一放学，我就立刻往家跑。因为今天晚上要观察月食！

　　回家后，我放下书包，就赶到院子里。这时，一轮圆圆的月亮，挂在灰色的天空中。我漫步在院子里，只见天色越来越暗，圆月却显得越来越明亮了。不一会儿，一线阴影悄悄地爬上了月亮。慢慢地，阴影越来越大，月亮就像被咬了一口的圆饼一样。阴影变得更大了，月亮就像翻了的小船。周围的星星，也好像失去了亲密的伙伴，显得无精打采，没有亮光了。

这时，爸爸走了过来，站在我身边说："以前科学不发达，人们把月食当作天狗吃月亮。"原来，爸爸小时候在中国的农村，根本不懂得月食是怎么回事，也和大人一起拿着盆，提着锣，跑到外边，敲敲打打，想把天狗吓跑呢！可是，现在再也没有人相信有什么天狗了。

说话间，抬头一看，月亮像一条细眉了。又过了一会儿，只剩下一条线。慢慢地，慢慢地，细线的光越来越淡，月亮就像一个乌黑的烧饼似的，只有上边还残留着一点儿余辉。最后，月亮全部被黑暗吞没了。

在黑暗里爬高了一些的月亮，左侧又露出了一丝细弓似的光。时间在慢慢地过去，月亮也渐渐大起来。一会儿，它像一叶细柳；慢慢地，又像一把镰刀；再过一会儿，又像一只侧放的白碗……最后，月亮终于复圆了。

13

读后感（两篇）

强烈呼吁
yù

——读《聪明的黑猩猩》
xīng xīng

　　以前去动物园的时候，我曾见过黑猩猩，它那
大大的眼睛，奇特的表情，挺逗人喜爱。读了《聪
明的黑猩猩》一文后，我觉得它更加可爱了，原来
它还那么聪明，简直和人没有两样，而且已经被科
学家有趣的实验证明了。

但是，遗憾的是世界上黑猩猩的数量正在逐年减少，因为它正在遭到人类的残暴捕杀，这简直太令人震惊了。包括黑猩猩在内的许多珍稀野生动物，比如老虎、大象、小鸟等等，都是人类的朋友。它们和人类一样，都是地球的主人，都是大自然的守护神，可是，为什么还有人在无情地捕杀它们呢？这究竟是为什么？

　　目前，人类的生存环境正在遭到破坏，美丽的大自然已经不那么美丽了。保护野生动物，也就是保护人类自己。我强烈呼吁：不要再捕杀黑猩猩，不要再捕杀野生动物了，让我们人类多一些地球上的朋友，多给我们下一代保留一些野生动物吧！否则，地球将毁灭在人类手中，人类将毁灭在自己手中。

想象的翅膀

——读《海底世界》

　　在报纸上读了一篇短文——《海底世界》，我好像插上了想象的翅膀，飞向了大海：

　　——我穿上潜水衣，来到海底。啊，多美呀！美丽的珊瑚丛中，一群群五颜六色的小鱼游来游去。忽然，出现了一股浓墨汁，愉快的小鱼顿时慌作一团，几条小鱼立刻丧了命，不用问，这准是乌贼干的。

　　——我要做海洋植物学家，让稻谷、小麦、棉花、西瓜、蔬^{shū}菜在海洋中生长。我要把海底变成粮^{cāng}仓，把保存了好多年的粮食拿出来，让煮的大米饭又香又好吃，营养丰富。

——我要做海洋地质学家，把海底的矿^{kuàng}石用机器运上来，送到世界各地。我还要在海底钻探石油，架设万里长的石油管道，支援^{yuán}贫穷落后的国家。

——我要做海上建筑师，建造海上楼房，解决陆地上人们的住房难题。还要建海上少年宫，海上体育场、海上机场等。并且要在海底建造疗^{liáo}养院，让退休老人，还有我们的老师，到那里去疗^{liáo}养。

老师说过，想象是美好的。但我相信，随着科学技术的发展，想象一定会变成现实。

生字：

吁 yù	遗 yí	憾 hàn	残 cán	否 fǒu	墨 mò	稻 dào
谷 gǔ	棉 mián	蔬 shū	仓 cāng	矿 kuàng	援 yuán	疗 liáo

词语：数量 shù liàng　减少 jiǎn shǎo　破坏 pò huài　保留 bǎo liú　否则 fǒu zé
想象 xiǎng xiàng　支援 zhī yuán　现实 xiàn shí

1.写一写：

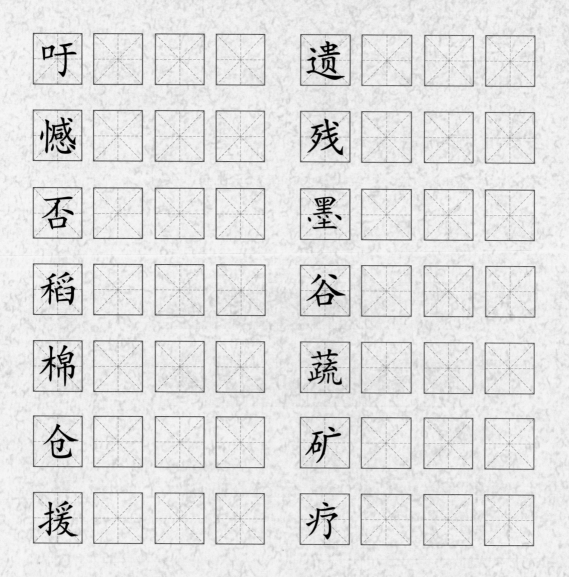

吁				遗			
憾				残			
否				墨			
稻				谷			
棉				蔬			
仓				矿			
援				疗			

2.读一读：

呼吁

遗憾　遗忘　遗漏　遗失

残暴　残忍　凶残

墨汁　墨水　墨盆　水墨画

稻谷　水稻　稻子　稻田　稻草

棉花　棉衣　棉被　棉纱　丝棉

蔬菜

粮仓　米仓　谷仓　进仓　出仓　仓库

矿石　矿产　矿井　矿泉　矿泉水　金矿　银矿

铜矿　铁矿　锡矿　铅矿

支援　增援　救援　援助

疗养　疗效　疗程　治疗　电疗　医疗

3.对话：

方方：爸爸，我们中文学校要举行一次画展。

爸爸：你参加吗？

方方：我想参加，可还没想好画什么。

爸爸：上次你画的那幅《海底世界》，我觉得就不错。

方方：是吗？但我还想改一下。

爸爸：怎么改呢？

方方：爸爸，你帮我
　　　出出主意吧。

爸爸：好，我们一
　　　起来想办法。
　　　把那幅画儿
　　　拿来看看。

方方：好。

爸爸：你画的是我们一家人穿着潜水衣，沿着长长
　　　的石阶走到海底。我觉得你的想象力很丰富。

方方：是吗？不过，我想再画上一些美人鱼。

爸爸：这个主意不错。你还可以多画些五颜六色的
　　　鱼，漂亮的珊瑚等。

方方：珊瑚？我怎么没想起来！我最喜欢看小鱼在珊瑚丛中游来游去了。

爸爸：你还可以在海底画上楼房、火车、汽车、各种各样的花呢。

方方：我们班有很多同学都想到这些了，我要画跟他们不同的。

爸爸：你们班的同学想象力都很丰富，你想好了没有？

方方：我想当一名海洋医生，拿着我的医疗仪器，到海底去为那些海洋生物治病。

爸爸：这个想法好！就画这些吧！

方方：可是，我还想画好多好多呢！

爸爸：那就以后慢慢画吧。一幅画也不可能画下那么多啊！

4．想一想、说一说：

（1）人类为什么要保护野生动物？

（2）"我"想象到海底去做些什么？

我爱台湾岛 wān

——读《中国最大的海岛——台湾 wān 》

爸爸给我买了一本名叫《中国最大的海岛——台湾 wān 》的书，我一拿到书就迫不及待地看了起来。书中的内容深深吸引了我。看着，看着，我仿佛到了台湾 wān ，游览了花园城——台北。在景色宜人的大屯山 tún 风景区，杜鹃花 juān 、百合花、野菊花 jú 、紫荆花 jīng ，争艳斗丽。在树木花丛间，蝴蝶翩翩 piān piān 起舞，真使我眼花缭乱。来到海边，我观看那奇特的景象，上千条飞鱼一齐飞出海面，真是个鱼的世界。在椰子树下，我喝着又凉又甜的椰汁，与台湾同胞畅叙手足思念之情。我又登上了气势磅礴的阿里山，来到美丽如画的日月潭。啊！多么美丽富饶的台湾岛！

　　书中"历史名城台南市"这一节，我最喜欢看。它使我了解到收复台湾的著名英雄郑成功的事迹。郑成功于1661年的一天，率领300多艘战船和25000名水陆官兵，乘风破浪从大陆向台湾进发。"战鼓隆隆，战马嘶鸣……"看着这振奋人心的语句，我仿佛听到了那"冬冬"的战鼓声，马儿的嘶叫声。郑成功从侵略者手中收复了台湾，从此台湾人民得到了自由。

　　看了这本书，我被中国人民勤劳、勇敢、奋勇抗敌的精神深深吸引住了。我爱美丽富饶的台湾岛！

三个和尚的故事

——看电影《三个和尚》

　　《三个和尚》真是一部生动有趣而富有教育意义的好影片。

　　影片一开头就把我吸引住了。伴着清脆而有节奏的木鱼声，银幕上映出了"一个和尚挑水吃，两个和尚抬水吃"的字幕。当映出"三个和尚"四个大字时，木鱼声突然停止。我很纳闷儿：^{nà}"三个和尚怎么样呢？"看下去才知道，原来三个和尚反倒没水吃了。为什么呢？瞧，一个小和尚，没有人可依靠，自然得自己去挑水；又来了一个和尚，于是两人去抬水，可谁也不肯多出力，都想占小便宜；当又来了个老和尚时，三人更是互相依赖(lài)，推来推去，宁肯坐着，谁也不去挑水。吃东西时因为没水喝，他们不断地打"嗝(gé)儿"。我看了，真觉得他们又好笑，又可怜。

后来，老鼠咬坏了蜡烛，蜡烛倒了，庙里起了大火。这下，三个和尚都慌了神。他们再也顾不得计较谁吃亏(kuī)、谁占便宜了，都抢着去挑水。他们齐心协力，扑灭了大火。这回他们受到了教育，开始共同合作，还想出了一个好办法：用滑轮提水，这样再也不愁没水吃了！看到这里，我真为三个和尚友好合作，能创造性地劳动而高兴。

演讲稿

生命的意义

同学们：

大家好！今天，我演讲的题目是《生命的意义》。

大家知道，人的生命是短暂的，正因为短暂，所以更要活得有意义。生命的意义是什么？有的人为人类的和平和进步事业或英勇牺牲，或创造出伟大成就，他们的生命是有意义的；有的人没有什么惊天动地的创举，但一辈子为社会无私地奉献，他

xī shēng

bèi

fèng

们的生命也是有意义的。今天我要给大家讲一个13岁的小女孩的故事，她身患绝症，与疾病作顽强斗争，最后还是不幸去世了。虽然她的生命极其短暂，但她的生命却是很有意义的。

13岁，正是鲜花般的岁月，小女孩却不幸患了骨癌。父母不敢相信这个事实，从不在她面前透露什么。可聪明的她已从父母以及周围人的表情中，意识到自己病情的严重性，但是她始终装做没事的样子，为的是不让父母担心。手术前，医生含糊地对她说："万一不好……"可她却显得比医生还镇定，似乎漫不经心。她用手抚摸着病腿，干脆地说："为了早日回到学校，医生叔叔，给我截掉这条腿好了。"小女孩的腿截去了，她很伤心，不过她始终没有流一滴泪。她遵照医生的嘱咐进行化疗，以顽强的意志、坚强的精神闯过了一道道难关。当老师与同学们捧着鲜花出现在她面前时，女孩哭着说："老师，我很快就能上学了。"严冬来了，无情的癌细胞已大面积转移到她的肺部和肝部。女孩已无药可治了，等待的时间也不多了。在新学期开始时，女孩给班里的同学写了一封信，其中有这样几句话：

"……请不要担心我的病，我是冬天里的一棵草，春天到来的时候，能发出又嫩又绿的新芽来……我很想读书，很想回到你们中间去……"可是没多久，她就永远地离开了我们，再也回不来了。

同学们，13岁的年华是短暂的，但是她那种坚强的毅力、顽强的精神，却给人留下了深刻的启迪，值得我们敬佩和学习。这不正是小女孩短暂生命的意义吗？

谢谢！

生字：

词语：题目　英勇　牺牲　斗争　事实　严重　等待　离开

1.写一写：

牺 　 　 　 牲 　 　 　
辈 　 　 　 奉 　 　 　
患 　 　 　 症 　 　 　
疾 　 　 　 癌 　 　 　
漫 　 　 　 截 　 　 　
遵 　 　 　 嘱 　 　 　
肝 　 　 　 嫩 　 　 　
芽

2.读一读：

牺牲　牺牲品

一辈子　长辈　祖辈　前辈　晚辈

奉献　奉还　奉陪　奉命

患病　身患绝症　隐患

绝症　急症　重症　病症　症状

疾病　残疾

骨癌　肝癌　肺癌　血癌　癌症

截断　截掉　截流　截住　堵截　拦截

遵照　遵从　遵命　遵守

嘱咐　嘱托　遗嘱

肝脏　心肝儿

嫩绿　嫩芽　嫩叶　嫩枝　白嫩　细嫩　鲜嫩

新芽　豆芽　麦芽　发芽

3.对话：

方方：云云，你在干吗？怎么哭了？

云云：没什么，我在课文里看到一个小女孩13岁就
　　　死了，真不幸！

方方：什么？13岁就死了？

云云：是的。她得了绝症。

方方：什么绝症？

云云：骨癌。

方方：啊？这种病可很难
　　　治呀！

云云：对，刚开始连她爸爸
　　　妈妈都不敢相信，更
　　　不敢让她自己知道。

方方：这可怎么办呢？

云云：她父母急忙陪她去治疗。

方方：治得怎么样？

云云：医生说要动手术。

方方：手术时女孩知道自己得的是什么病吗？

云云：她早就从父母的表情里看出来了。

方方：她真聪明。

云云：她还很勇敢。手术时她装着什么事儿都没有，连医生都被她感动了。

方方：结果怎样呢？

云云：她失去了一条腿，可她没掉一滴泪。

方方：她真坚强！

云云：老师和同学们来看她时，她哭了。她哭着说："老师，我很快就能上学了。"

方方：真希望她的病能治好。

云云：没多久，癌细胞已经转移到了她的肺里和肝里。

方方：哎呀，真不幸！

云云：她知道她的时间不多了，在新学期开始时，她给同学们写了一封信。

方方：信里说些什么？

云云：她说她是冬天里的一棵草，春天到来的时候，能发出又嫩又绿的新芽来；还说她很想读书，很想回到同学们中间来。

方方：她真坚强呀！我想连上帝都会为她流泪的。

云云：是的，这篇文章我都看了好几遍了，可每次
都忍不住流泪。

方方：她的生命很短暂，可她的生命是有意义的，
人们不会忘记她。

云云：对！

4.想一想、说一说：

（1）哪些人的生命是有意义的？

（2）小女孩是怎样面对疾病和死亡的？

自我介绍

朋友，你认识我吗？我跟爸爸同姓张，名字与哈雷彗星同音。我已经11岁了，今年读六年级。弯弯的眉毛不长也不短，一双又大又亮的眼睛十分有神，一个不高不矮的鼻梁下有一张甜甜的小嘴……这就是我！

我的兴趣十分广泛，看书、练字、画画儿、种花都是我的爱好。尤其是看书，由于受到爸爸、妈妈的影响，我从小就是个出了名的"小书迷"。我家的书架上，摆满了一排排厚薄不等的各种书籍：有妙趣横生的《笑话大王》，有文笔精美的《世界文学》，有长篇小说《三国演义》、《水浒传》，还有供写作参考的《作文大全》……每当我看到一本好书时，就好像鱼儿得水一般，一定要在知识的海洋里畅游一番。

有一次，爸爸出差了，妈妈要去买菜，我正在看书。妈妈临走时大声嘱咐我，等牛奶煮好了别忘了喝。我津津有味地看着书，完全沉浸在书中的情节里，便随口"嗯"了一声，继续看我的书。也不知过了多长时间，一股难闻的焦味扑鼻而来，我急忙去关上电源，揭开锅一看，锅中的牛奶已成了一层粉红色的锅巴。妈妈回来了，她看看锅巴，生气地训斥我："我就知道你看书看昏了头。"

朋友，你若以为我是个整天泡在书堆里的书呆子，那就错了。在学校里，我还是个又活泼又负责的班长。我能积极协助老师带领同学们开展丰富多彩的文体活动，对老师布置的任务绝对不折不扣地完成。

有一次，校长要到我们班来观看汉语节目表演，老师让我负责排练。排练时，有的同学想打退堂鼓，说："我们练了这么久，实在太辛苦了，干脆算了，我们不参加表演了。"一些同学也随声附和。可我却严肃地说："你们说，要不要为集体争光？"这一说，大家劲头来了，我们又继续排练，直到每个节目都非常熟练了才回家。

校长和老师们看了我们的表演后，都夸我们演出十分成功。这时，我深感排练时的辛苦没有白费。老师还特别表扬了我的负责精神。

这就是我，一个兴趣广泛，自信、自强、自尊的小女孩！如果你愿意的话，和我交朋友吧！

综合练习（四）

1.填空：

　　＿＿＿＿＿的掌声　　　　＿＿＿＿＿地呼吁

　　＿＿＿＿＿的夜空　　　　＿＿＿＿＿地捕杀

　　＿＿＿＿＿的猎狗　　　　＿＿＿＿＿地批评

　　＿＿＿＿＿的喜悦　　　　＿＿＿＿＿地奉献

　　＿＿＿＿＿的翅膀　　　　＿＿＿＿＿地斗争

2.选词语填空：

（1）保留　保护　保持　保存

　　黄瓜放在冰箱里也＿＿＿＿＿不了几天。

　　＿＿＿＿＿好国家的珍贵动物，是每个公民的责任。

　　图书馆里要＿＿＿＿＿安静。

　　这样做不好，我＿＿＿＿＿意见。

（2）现实　现在　出现　实现

　　我相信，随着科学技术的发展，想象一定会变

成＿＿＿＿＿。

这位女歌星今年只在舞台上＿＿＿＿过两次。

从前，这森林里的熊比＿＿＿＿多得多。

只要你努力学习，你的理想就一定能＿＿＿＿。

3.选出正确的句子，在( )里打"√"：

我想老师会狠狠地肯定批评我一顿。( )

我想老师肯定会狠狠地批评我一顿。( )

我肯定想老师会狠狠地批评我一顿。( )

遗憾的是黑猩猩的数量正在逐年减少。( )

黑猩猩的数量遗憾的是正在逐年减少。( )

黑猩猩遗憾的是正在逐年减少数量。( )

当老师与同学们出现在她面前捧着鲜花时，女孩哭了。( )

当老师与同学们捧着鲜花出现在她面前时，女孩哭了。( )

当老师与同学们捧着鲜花出现时在她面前，女孩哭了。( )

4.用句后的词语，把句子写完整：

(1)这次期中考试我没考好，_____
_____。(批评)

(2)明天出发之前，你一定要再给他打个电话，____
_____。(否则)

(3)她很喜欢剪纸，_____
_____。(一…就…)

(4)花园里的花真美呀，_____
_____(有的…有的…)
_____

(5)她很伤心，_____
_____。(不过)

5.读课文，判断句子，对的打"✓"，错的打"✕"：

(1)我推荐自己代表三班参加学校举行的中文歌曲
独唱比赛。( )

(2)我在比赛时没唱好，老师狠狠地批评了我一顿，
我哭了。( )

(3)北边天空的那个猎户星座真像一只猎狗。( )

(4)保护野生动物就是保护人类自己。( )

（5）小女孩的生命虽然短暂，但却给人留下了深刻
的启迪。（ ）

6.阅读日记，回答问题：

1月19日　小雪

　　春节快到了，今天我跟爸爸、妈妈去乡下看爷
爷、奶奶。走进村子，我看到家家户户都在忙着贴
春联，挂红灯，放鞭炮。爷爷家那一大排新房，门
口都贴上了红对联。

我还看到，不少人家在大门上贴了"福"字。奇怪的是，有的"福"字是倒着贴的。我对妈妈说："您看，那些人真马虎，怎么把'福'字贴倒了？"妈妈笑了，爸爸也笑了。妈妈说："把福字倒贴，就是'福到'，也就是说现在幸福已经到了这户人家。"听到这里，我也笑了。

（1）人们为什么要贴春联，挂红灯，放鞭炮？

_____

_____

_____

_____

（2）为什么有的人把"福"字倒着贴？

_____

_____

_____

_____

生字表(简繁对照)

1　肤(膚)　娶　企　幢　讶(訝)　婆　趁　脖　喘　宫
　　震　睁　怒　嚷

2　仙　寿(壽)　略　醉　绪(緒)　踏　稳(穩)　扇　驴(驢)
　　饮(飲)　扰(擾)　扭　喷(噴)　熊

3　肩　圈　牙　胃　逮　效　窜(竄)　叉　剥　蹬　狗
　　袭(襲)　索　吵

4　拖　垃　圾　拧(擰)　匙　悬(懸)　串　蹲　偏　叠
　　稀　减　策　签(簽)

5　帜(幟)　镇(鎮)　腐　貌　贫(貧)　倡　振　央　委
　　席　亿(億)　衫　裤(褲)　逝　碑

6　幽　涛(濤)　舵　辞(辭)　蚊　嗡　尴(尷)　尬　扶
　　唯　弃　聋(聾)

7　宙　括　谓(謂)　欧(歐)　洲　允　裂　轨(軌)　转(轉)
　　旦　符　违(違)　罪　锁(鎖)　践(踐)

8　煌　泽(澤)　权(權)　砖(磚)　殿　瓦　耀　威　吴
　　傅　调(調)　荐(薦)　汁　范(範)

9　纵(縱)　驰(馳)　柏　毯　溶　柔　疲　悉　姻　嫂

170

xián　　　dàn　　　　yù　　máng
贤(賢)　担(擔)　裕　茫

10　域　抚(撫)　昌　脉　聚　畔　纱(紗)　绣(繡)
　　yù　　fǔ　　　chāng　mài　jù　pàn　shā　　xiù

　　sǒng　　qiū　líng　jiàn　　mò　jiàng
　　耸(聳)　丘　陵　剑(劍)　漠　酱(醬)

11　舅　阿　售　含　距　贸(貿)　阁(閣)　瀑　晰　愣
　　jiù　ā　shòu　hán　jù　mào　gé　pù　xī　lèng

　　suō　　zhǎn　　shuò　xiǔ
　　缩(縮)　盏(盞)　烁(爍)　朽

12　腾(騰)　奏　俱　欠　吊　蜂　拥(擁)　讽(諷)　棋
　　téng　zòu　jù　qiàn　diào　fēng　yōng　fěng　qí

　　gōng　qīng　　xiōng　mài　　pǐ
　　弓　倾(傾)　凶　麦(麥)　匹

13　吁(籲)　遗(遺)　憾　残(殘)　否　墨　稻　谷(穀)
　　yù　yí　hàn　cán　fǒu　mò　dào　gǔ

　　mián　shū　cāng　kuàng　yuán　liáo
　　棉　蔬　仓(倉)　矿(礦)　援　疗(療)

14　牺(犧)　牲　辈(輩)　奉　患　症　疾　癌　漫　截
　　xī　shēng　bèi　fèng　huàn　zhèng　jí　ái　màn　jié

　　zūn　zhǔ　　gān　nèn　yá
　　遵　嘱(囑)　肝　嫩　芽

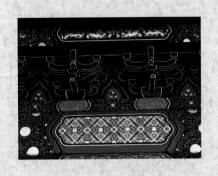

音序生字表(简繁对照)

A 阿_ā 癌_{ái}

B 脖_{bó} 剥_{bāo} 碑_{bēi} 柏_{bǎi} 辈(輩)_{bèi}

C 趁_{chèn} 喘_{chuǎn} 窜(竄)_{cuàn} 叉_{chā} 吵_{chǎo} 匙_{chí} 串_{chuàn} 策_{cè} 倡_{chāng} 辞(辭)_{cí}
　 昌_{chāng} 弛_{chí} 残(殘)_{cán} 仓(倉)_{cāng}

D 逮_{dǎi} 蹬_{dēng} 蹲_{dūn} 叠_{dié} 旦_{dàn} 担(擔)_{dàn} 殿_{diàn} 调(調)_{diào} 吊_{diào}
　 稻_{dào} 舵_{duò}

F 肤(膚)_{fū} 腐_{fǔ} 符_{fú} 扶_{fú} 傅_{fù} 范(範)_{fàn} 抚(撫)_{fǔ} 蜂_{fēng} 讽(諷)_{fěng}
　 否_{fǒu} 奉_{fèng}

G 宫_{gōng} 狗_{gǒu} 轨(軌)_{guǐ} 阁(閣)_{gé} 弓_{gōng} 谷(穀)_{gǔ} 肝_{gān} 尴(尷)_{gān}
　 尬_{gà}

H 含_{hán} 煌_{huáng} 憾_{hàn} 患_{huàn}

J 肩_{jiān} 圾_{jī} 减_{jiǎn} 践(踐)_{jiàn} 舅_{jiù} 距_{jù} 荐(薦)_{jiàn}
　 聚_{jù} 剑(劍)_{jiàn} 酱(醬)_{jiàng} 俱_{jù} 疾_{jí} 截_{jié}

K 裤(褲)_{kù} 括_{kuò} 矿(礦)_{kuàng}

L 略_{lüè} 驴(驢)_{lú} 垃_{lā} 裂_{liè} 愣_{lèng} 陵_{líng} 疗(療)_{liáo} 聋(聾)_{lóng}

M 貌_{mào} 茫_{máng} 贸(貿)_{mào} 脉_{mài} 漠_{mò} 麦(麥)_{mài} 墨_{mò} 棉_{mián} 漫_{màn}

N 怒_{nù} 拧(擰)_{níng} 扭_{niǔ} 嫩_{nèn}

172

	ōu							
O	欧(歐)							
	pó	pēn	piān	pí	pù	pàn	pǐ	pín
P	婆	喷(噴)	偏 疲		瀑	畔	匹	贫(貧)
	qǔ	qǐ	quān	qiān	qì	quán	qiū qiàn	qí qīng
Q	娶	企	圈	签(簽)	弃	权(權)	丘 欠	棋 倾(傾)
	rǎng	rǎo	róng	róu				
R	嚷	扰(擾)	溶	柔				
	shòu	shàn	suǒ	shān	shì	suǒ	sǎo	shòu suō
S	寿(壽)	扇	索	衫	逝	锁(鎖)	嫂	售 缩(縮)
	shuò	shā	sǒng	shū	shēng			
	烁(爍)	纱(紗)	耸(聳)	蔬	牲			
	tà	tāo	tuō	tǎn	téng			
T	踏	涛(濤)	拖	毯	腾(騰)			
	wěn	wèi	wěi	wèi	wéi	wǎ	wēi	wéi wén
W	稳(穩)	胃	委	谓(謂)	违(違)	瓦	威	唯 蚊
	wēng	wú						
	嗡	吴						
	xiān	xù	xióng	xiào	xí	xuán	xī xí xī	
X	仙	绪(緒)	熊	效	袭(襲)	悬(懸)	稀 席 悉	
	xián	xī	xiǔ	xiù	xiōng	xī		
	贤(賢)	晰	朽	绣(繡)	凶	牺(犧)		
	yà	yǐn	yá	yāng	yì	yǔn	yīn yù yào	
Y	讶(訝)	饮(飲)	牙	央	亿(億)	允	姻 裕 耀	
	yù	yōng	yù	yōu	yí	yuán	yá	
	域	拥(擁)	吁(籲)	幽	遗(遺)	援	芽	
	zhuàng	zhèn	zhēng	zuì	zhì	zhèn	zhèn	
Z	幢	震	睁	醉	帜(幟)	镇(鎮)	振	
	zhòu	zhōu	zhuàn	zuì	zòng	zhǎn	zé zhuān	
	宙	洲	转(轉)	罪	纵(縱)	盏(盞)	泽(澤) 砖(磚)	
	zhī	zòu	zhèng	zūn	zhǔ			
	汁	奏	症	遵	嘱(囑)			

词语表

1	pī fū 皮肤	qǐ tú 企图	tóngqíng 同情	jīngyà 惊讶	zāoyù 遭遇	bó zi 脖子	zhèndòng 震动
2	jǔbàn 举办	běnlái 本来	qíngxù 情绪	běnshi 本事	dùnshí 顿时	yǎnkàn 眼看	
3	xǐ 'ài 喜爱	gé wài 格外	qí tā 其他	yǒuxiào 有效	xí jī 袭击	sī suǒ 思索	wúxiàn 无限
4	shǐyòng 使用	lājī 垃圾	jìhuà 计划	jiūjìng 究竟	zhìdìng 制定	zhèngcè 政策	fǎ lǜ 法律
5	luòhòu 落后	jiāxiāng 家乡	miànmào 面貌	qiángliè 强烈	lùxù 陆续	pīzhǔn 批准	
	tiáojiàn 条件	zhuāngyán 庄严	zhǔxí 主席	tóurù 投入	dàliàng 大量	pǔ sù 朴素	
6	yōumò 幽默	dànshēng 诞生	jiàshǐ 驾驶	wénzi 蚊子	qīn qi 亲戚	dēng jì 登记	tǎoyàn 讨厌	gāngà 尴尬
	dàoqiàn 道歉	yùxiān 预先	cáinéng 才能	bǎozhèng 保证			
7	fēngjiàn 封建	suǒwèi 所谓	tǒngzhì 统治	yǔnxǔ 允许	wéirào 围绕	chūbǎn 出版	
	fúhé 符合	guāndiǎn 观点	wéifǎn 违反	tuīdòng 推动	shíjiàn 实践	jiěfàng 解放	
8	gāodà 高大	guīmó 规模	zhèngshì 正式	zhòngdà 重大	mìnglìng 命令	shīfu 师傅	
9	cǎoyuán 草原	bǎochí 保持	píláo 疲劳	shúxī 熟悉	hūnyīn 婚姻		
10	yóulǎn 游览	tǐhuì 体会	fēnggé 风格	gǔdiǎn 古典	shāmò 沙漠	jiāgōng 加工	shēngchǎn 生产
11	ā yí 阿姨	shāngyè 商业	bāohán 包含	fèiyòng 费用	mào yì 贸易	zǔchéng 组成	qīng xī 清晰	xíngshǐ 行驶
	chēliàng 车辆	suōxiǎo 缩小	shǎnshuò 闪烁				
12	zé bèi 责备	fěng cì 讽刺	pī píng 批评	nánshòu 难受	wèizhi 位置	xiǎngshòu 享受	fēngshōu 丰收	xiǎodé 晓得
13	shùliàng 数量	jiǎnshǎo 减少	pòhuài 破坏	bǎoliú 保留	fǒuzé 否则	xiǎngxiàng 想象	zhīyuán 支援	xiànshí 现实
14	tí mù 题目	yīngyǒng 英勇	xīshēng 牺牲	dòuzhēng 斗争	shìshí 事实	yánzhòng 严重	děngdài 等待	líkāi 离开

图书在版编目（CIP）数据

中文　第十一册/暨南大学华文学院编．
—广州：暨南大学出版社，1999.11
ISBN 7-81029-813-5

I. 中…
II. 暨…
III.对外汉语教学
IV.H195

监　　制：中华人民共和国国务院侨务办公室
（中国·北京）

监制人：刘泽彭
电话/传真：0086-10-68320122

●

编写：暨南大学华文学院
（中国·广州）
电话/传真：0086-20-87706866

●

出版/发行：暨南大学出版社
（中国·广州）
电话/传真：0086-20-85221583

●

印制：深圳中华商务联合印刷有限公司
1999年11月第1版　　　　1999年11月第1次印刷
850×1168　1/16